멈출 수 없는 눈물

이 소중한 책을

특별히 _____ 님께

드립니다.

멈출 수 없는 눈물
Unstoppable Tears

김인자 지음

나침반

Thanks to:

수십 년 동안 나를 괴롭힌 심한 고통이 있었지만 견딜 수 있었습니다.
그러나 대학을 막 졸업한 막내 아들 앤드류가 급성 골수 백혈병으로 투병하기 시작할 때,
나의 질병을 껴안고 살아도 좋으니 아들이 먼저 떠나지 않게 해달라 기도했습니다.

그러나 하나님은 달리 이 땅에서 각자의 시간을 정하셨나 봅니다.
제가 큰 뇌수술을 하고 병상에 누워있을 때 앤드류가 찬양 좋아하는 엄마를 위해
아이폰을 귀에 대고 들려주던 "O the Blood"라는 노래를 어찌 잊을 수 있겠습니까?

예수님의 보혈의 소중함이 너무 크고 위대 하시기에
앤드류를 다시 만날 때까지 심한 고통이 지속된다해도
주님을 찬양할 때 행복하기에, 제 사명과 주님의 큰 은혜를
이 책과 노래들에 담아 주님께 올려드립니다.

INJA 인자 드림

서문

같은 병원, 다른 중환자실에서
"아들, 엄마도 조금 후에 갈게!"

　어느 날부터인지 알 수 없는 가시가 내 몸 깊숙이 박혀 온몸의 쓰라린 고통이 예고없이 찾아왔습니다. 나는 무방비 상태에서 말할 수 없는 상처들과 맞닿아야만 했습니다.
　피할 수 없이 겪어야 하는 그 고통들이, 나 자신을 성숙시키기 위한 과정임을 전혀 깨닫지 못한 때였습니다.

　어떤 준비도 방어도 할 수 없는 뇌전증, 흔히 말하는 간질병(고질병)으로 수십 년간 머리를 관통하는 가시의 찔림을 감당해야만 했습니다.

　오랜 투병생활이 지속되면서 점점 십자가의 은혜가 크게 다가왔습니다. 인간의 죄악들을 사하시기 위해, 주님이 대신 무거운 십자가를 등에 짊어지시고 골고다 언덕을 오르신 이유, 그리고 나를 향하신 사랑 가운데 내가 짊어져야만 했던 작은 십자가의 의미도 내게는 모두 영적 교훈이 되었습니다.

주님이 내게 허용하신 고난이 그분의 사랑으로 인함이라 믿고, 맡기신 사명의 길을 말없이 순종하며 가고자 했습니다. 가는 길이 더 좁아지고 험난해도 말씀 속에 순종하며 따라가려 다짐했습니다.

더불어 대노한 폭풍이 몰아쳐 오듯, 믿기지 않는 소식이 우리 가정을 급습하였습니다.
건강한 모습으로 대학을 갓 졸업한 사랑하는 아들, 앤드류가 '급성 골수성 백혈병'으로 수년간 투병하다가 가족의 곁을 먼저 떠났습니다.

떠나기 전 엄마인 나도 같은 병원, 층수만 다른 중환자실의 침대에 누워 있어야 했고, 아들 곁에 가보는 것도 허락되지 않았습니다.
심성이 착하고 미소를 잃지 않던 앤드류는 자신의 온몸이 링거로 둘러져 있는 가운데서도 애써 입을 열어 엄마는 집에 가서 쉬도록 가족들에게도 청하곤 했습니다.

아들보다 앞서가야 했어야 할 나를 주님이 이 땅에 남겨 두신 뜻을 다 깨닫고 헤아릴 수는 없지만, 미약하고 부족한 나를 통해 하시고자 하는 그분의 계획이 있음을 믿습니다.

　세상 끝 날까지 나를 사랑하시며, 연약한 손 지금도 붙들고 계시는 주님의 은혜 가운데 호흡이 다하기까지 맡겨 주신 사명을 이루겠습니다.

－ 김인자

추천합니다

성경에 눈물의 골짜기란 표현이 있다.
때로 우리는 인생에서 눈물의 골짜기를 경험한다.
그때 이런 골짜기에서 시를 짓고 기도를 하고,
노래를 부르는 사람들이 있다.
인자 자매가 그런 사람이다.
그녀의 시, 그녀의 노래,
그녀의 기도는 골짜기를 밝히는 희망의 빛이다.
이 글을 읽고 많은 분들이 눈물을 멈추었으면 한다…

이동원 목사 (지구촌 교회 원로목사/목회 리더십 센터)

믿음 소망 사랑의 영원한 가치를 붙들고
김인자사모는 신심과 뚝심으로 흔들림 없는 인생을 사는 순례자이다.
기쁨 슬픔 고난 고통 질병 환란 혼돈의 모습으로 다가온 모든 삶을 친구처럼 조우하고 수용하며 걷는 믿음의 동역자이다.

그녀가 이렇게 여러 다양한 상황 속에서도 믿음 소망 사랑의 영원한 가치를 붙들고 오늘의 신앙고백을 글로 표현하고 있다. 본인이 그녀를 만날 때마다 듣는 고백이 있다.
"주님은 실수가 없으신 하나님이십니다."
아마도 이 확신으로 인해 오늘의 그녀로 존재하게 한 궁극의 힘이 아니었나 싶다. 그녀의 진솔한 삶의 고백이 독자들의 모든 삶의 상황속에 거룩한 위로와 능력의 소망으로 열매 맺게 되리라고 믿는다.

우명자 사모 (이동원 목사 아내/저자 김인자를 시동생 이동성 목사에게 소개)

하나님의 더 크신 위로와 큰 복의 선물

뉴올리언즈 신학대학원에서 박사과정을 공부하던 중에 만났던 가장 인상 깊었던 학우가 바로 이동성 목사님이었습니다. 이동원 목사님의 아우로서가 아니라 이동성 목사님 자체로서 저의 존경을 받을만한 이유는 예수 그리스도를 닮은 아름다운 품성 때문이었습니다. 김인자 사모님 또한 육신적 연약함이 있음에도 불구하고 마음의 가장 깊은 곳에서 우러나오는 예수 그리스도에 대한 깨끗하고 깊은 사랑이 많은 사람의 흠모를 받기에 충분하였습니다.

사무엘하 19장 4절에 다윗왕은 패역무도한 아들 압살롬의 죽음 앞에서 성경에서 가장 애통한 탄식을 하였습니다.

"내 아들 압살롬아, 압살롬아 내 아들아 내 아들아"
불효막심한 아들의 죽음도 이처럼 애통해할진대 하물며 눈에 넣어도 아프지 않을 막내아들, 신앙이나 인품이나 학문이나 어느 영역에서나 탁월성을 지닌 아들을 먼저 하늘로 보낸 목사님과 사모님의 마음은 어느 인간의 언어로도 위로할 수 없는 깊은 슬픔일 것입니다.

김인자 사모님의 「멈출 수 없는 눈물」은 그 깊은 슬픔의 고백이요, 다섯 곡의 찬양은 "주신 이도 여호와시오, 거두신 이도 여호와시오니 여호와의 이름이 찬송을 받으실 지니이다"(욥 1:21) 라는 승화된 찬송입니다.

이 책을 읽는 독자들은 소위 "악의 문제"에 대하여 의문을 가질 것입니다.

"하나님이 선하신 사랑의 하나님이시라면 왜 하나님의 자녀들에게 고난을 받도록 허락하시는가?"

그러나 어떤 종교철학자이든 조직신학자이든 명쾌하고 시원한 대답을 한 사람은 없는 문제입니다. 그러나 성도들은 이 문제에 대한 명확한 답을 모를지라도 성경은 하나님의 말씀이며 성도를 향한 하나님의 사랑은 영원무궁한 사랑임을 확신하는 존재들인 것입니다.

김인자 사모님은 그의 생애와 목회사역과 겪은 슬픔 가운데서도 성도가 고난의 문제 앞에서 어떤 자세로 살아야 하는가를 감동적인 문체로 보여주고 있습니다. 이 책을 읽어나가는 독자들의 마음속에는 깊은 감동과 하나님을 향한 새로운 헌신이 일어나게 될 것입니다.

이동성 목사님과 김인자 사모님에게 하나님의 더 크신 위로와 큰 복의 선물이 가득하시기를 기원하면서 추천서를 대합니다.

피영민 목사 (한국침례신학대학교 총장)

미스테리움-트러멘둠-파시난스로 찾아온 임재

욥기의 주인공은 욥이 아니다.

전능하신 하나님, 곧 '누멘(numen)'이다. 이 전제는 해석의 방향을 바꾼다. 사람의 불운을 향하던 시선을 하나님의 임재로 돌린다. 욥기는 고난의 원인을 설명하기보다 임재를 경험하게 하는 책이다. 그 임재를 우리는 미스테리움(Mysterium) - 트러멘둠(Tremendum) - 파시난스(Fascinans)의 흐름으로 경험한다.

욥기의 하나님은 '전적으로 다른 분'으로 다가오신다.

이유는 닿지 않고 설명은 모자란다. 넘쳐나는 충고와 변명이 부질없다. 홍수가 져서 물이 넘쳐도 마실 물이 없는 한재 꼴이다. 욥은 하나님의 폭풍 질문 앞에 입을 닫는다. 고요가 찾아든다. 침묵은 패배가 아니다. 자신의 한계를 인정하는 경외다. 어둠 속에서야 별이 빛나듯 내 인생의 미스테리움(흐림)이 나의 시선을 오롯이 하나님께로 모으게 된다.

내 인생의 미스테리는 곧 트러멘둠(떨림)으로 이어진다.
하나님은 고통을 상·중·하의 크기로 계산하지 않으신다. 대신 '견디라'고 하신다. 희망은 고난보다 장수한다는 것을 배운다. 폭풍 속 음성은 논증이 아니다. 세계의 광대함 자체다. 그 앞에서 인간은 낮아지고 마음은 맑아진다. 삶의 깊은 파장이 여기서 시작된다. 그 떨림은 사람을 밀어내지 않는다. 끝내 파시난스(끌림)로 이끈다. 그 분이 나를 끌어 당기신다. 그리고 나를 안아주신다. 이유보다 임재의 현실이 더 분명해진다.

욥은 정답 대신 관계를 붙든다. 신뢰가 자라고 회복이 열린다. 손익계산서나 대차대조표가 아니다. 관계의 회복이 가져다준 풍요와 향유의 기쁨이다. 행여 어두운 밤길을 걸을지라도 홀로 걷게 하시지 않을 것에 대한 확신이고 믿음이다.

김인자 사모의 《멈출 수 없는 눈물》 초고를 읽는 내내, 나는 눈물을 멈출 수 없었다. 절절한 고백이 내 마음을 붙들었다. 파시난스의 파장이 밀려왔다. 자신에게 찾아온 부끄러움을 넘어 수치스럽기도 했을 고질병의 고통, 거기다 참척지변(慘慽之變)의 태풍까지 덮친다.
아들을 급성 골수성 백혈병으로 떠나보내야 했던 심정을 보통 사람으로 헤아릴 수 없다. 미스테리움이다. 그의 미스테리움이 나의 'Why Me?'(하필 나에게?)를 부끄럽게 만든다. 이번에는 내가 입을 닫는다. 나는 그것이 영혼의 개기일식이었을 깨닫는다. 일식(日蝕, Solar Eclipse)은 태양의 부재가 아니다. 달에 잠시 가려졌을 뿐이다. 흐림(어둠)이 사라지고 찾아든 것은 끌림이고 떨림이다. 목 놓아 울던 슬픔의 눈물이 누멘의 눈물로 바뀐다. '멈출 수 없는 눈물'이다.

욥이 두 손을 입에 대고 멈추었다면, 김인자 사모는 입을 벌려 찬양한다. 그 아름다운 찬양이 나에게 묻는다. "Why not?"(넌 왜 안 되지?) 나를 모질게 괴롭히던 'Why Me?'도 숨죽인 채 찬양에 귀 기울인다. 나는 그제야 깨닫는다. 찬양의 지문이 트러멘둠이고 파시난스라는 것을.《멈출 수 없는 눈물》이 내게 말을 걸어온다.
"고난을 허비하지 마라."
고난을 낭비하지 않는 길은 해답을 찾는 데 있지 않다. 임재를 배우는 데 있다. 미스테리움을 피하지 말고, 트러멘둠을 견디라. 그러면 파시난스가 온다. 개기일식이 지나가듯, 주님의 빛은 다시 드러난다. 그리고 우리는 그 빛 속에서 다시 산다.
그래 그래. 우리 모두 어린아이처럼 울고 어른처럼 일어서자.

송길원 목사 (하이패밀리 대표/동서대학교 석좌교수)

사랑하는 김인자 사모님의 [멈출 수 없는 눈물]
당신의 이야기를 읽으며 제 마음에도 오래된 눈물이 고였습니다.
저 또한 사랑하는 아내를 암으로 먼저 주님께 보내며 바다 만큼 눈물을 흘린 사람으로서, 그 눈물의 깊이와 텅 빈 자리의 외로움을 너무도 잘 압니다. 그러나 그 눈물은 단지 아픔의 언어가 아니라, 하나님께서 친히 다듬으신 은혜의 노래요, 상처를 통하여 새 생명을 피워내는 믿음의 증언임도 압니다. 육체의 연약함으로 인한 병의 고통과 상실의 아픔을 지나며 여전히 찬양으로 주님을 높이신 사모님의 걸음이 참 귀합니다. 그 곁에서 함께 울던 남편의 눈물, 어머니의 아픔을 품고 서로 의지하며 눈물로 효도를 이어가는 큰아들과 딸의 모습은 이 시대에 드문 사랑의 시요, 믿음의 아름다움입니다.

그 눈물은 가족의 눈물을 넘어, 하나님께 드려진 거룩한 예배의 향기라 믿습니다. 이 땅에서는 여전히 멈출 수 없는 눈물로 살아가지만, 사랑하는 아들이 먼저 간 그곳에서는 주님께서 친히 모든 눈물을 닦아주시리라 확신합니다.

"그들의 눈에서 모든 눈물을 씻어 주시니 다시는 사망이 없고 애통하는 것이나 곡하는 것이나 아픈 것이 다시 있지 아니하리니 처음 것들이 다 지나갔음이러라"(요한계시록 21장 4절)

그리고 이 책을 손에 쥔 모든 독자들에게도, 그 눈물의 아픔 속에서 치유를 경험하고, 그 눈물을 통해 더욱 깊고 넓으신 하나님의 은혜를 만나며, 결국 그들의 눈물 또한 한 편의 노래로 승화되기를 기도합니다. 김인자 사모님의 눈물이 곧 하나님의 시가 되어 수많은 영혼에게 위로와 소망의 선율로 흘러가기를 축복합니다.

이동현 목사 (복된이웃교회 담임)

꺼지지 않는 믿음의 등불

이 책은 인간의 고난과 눈물 속에서도 꺼지지 않는 믿음의 등불을 보여줍니다. 뇌수술의 고통과 사랑하는 아들을 하늘에 먼저 보내는 아픔 속에서도 김인자 사모는 절망 대신 감사와 찬양을 선택했습니다. 그녀의 이야기는 단순한 간증이 아니라, 고난을 통과하며 더욱 깊어진 신앙의 고백이자 하나님의 섭리를 신뢰하는 믿음의 증언입니다.

이 책을 읽는 모든 이가 '눈물 속에서도 멈추지 않는 은혜'를 새롭게 경험하길 바랍니다.

노승빈 (미주기독신문 크리스찬타임스 한국후원회 회장/백석대 교수)

하늘을 향해 감사의 기도와 찬양으로

고통과 시련이 폭풍처럼 다가올 때, 한줄기 희망마저 애처로이 송두리째 앗아갈 때 우리의 마음은 어떠할까?

그 모든 역경과 고난을 오직 하늘을 향해 감사의 기도와 찬양으로 삶 속 가득 채우신 김인자 사모의 놀라운 삶의 이야기를 통해 오늘도 하나님의 살아계심과 한량없는 주님의 은혜를 이 책을 통하여 모든 이들의 가슴에 새겨지길 기도합니다.

CCM 작곡가 이권희 (시명/천번을 불러도/멈출수 없는 눈물)

차례

서문 ... 6

추천합니다 ... 9

Part 1 축복의 도구 고질병과 백혈병(Leukemia)

1. 나의 고질병과 아들의 급성 골수성 백혈병 ... 23
2. 십자가의 고통 중에도 어머니를 배려하시던 예수님처럼 ... 29

Part 2 결혼 전 나의 가족, 내게 전해진 복음의 씨앗

3. 외할머니의 예수님 영접 ... 35
4. 아버지와 어머니의 첫 만남 ... 36
5. 부모의 곁을 일찍이 떠난 나의 형제들 ... 37
6. 부모님의 남한으로 피난 ... 38
7. 피난 온 남한에서 새로운 시작 ... 40
8. 다시 피난길 ... 43
9. 첫째 언니와 형부의 만남 ... 45
10. 가족의 미국 이민생활 ... 47
11. 아버지의 딴 살림 ... 48
12. 남산 밑, 회현동에서의 생활 ... 49
13. 나의 어린 시절 춤 끼 ... 50
14. 헐벗고 굶주린 자들을 돌보신 어머니 ... 52
15. '홍역'의 열을 통과 ... 53
16. '눔새' ... 55
17. 교회로 첫 발걸음 ... 56
18. 성도교회 중·고등부시절 ... 58
19. 다가오신 주님을 영접 ... 60

Part 3   미국이민, 결혼 그리고 이민목회 여정

20. 이민 길에 오름 ... 67
21. 쓰임 받은 손 ... 68
22. 결혼의 귀한 통로가 되어주신 분 ... 71
23. 가정을 이루시라는 급행을 원하심 ... 73
24. 매를 시킨 음성 ... 74
25. 빈약한 기타실력도 쓰임 받음 ... 76
26. 우리 모두는 불완전한 인간들 ... 77
27. 부실한 영성을 위한 공사 ... 79
28. 결혼 ... 81
29. 결혼 후 달라스 미국 생활 시작 ... 84
30. 육체의 가시 ... 86
31. 첫 이민목회 사역/달라스 북부 서면한인 교회 개척 섬김 ... 87
32. 하나님이 주신 특별한 선물 세 자녀 ... 90
33. 두 번째, 라피엣 침례교회 개척 섬김 ... 94
34. 남편의 목사 안수 ... 96
35. 엄마, 예수님이 주신 꽃이야 ... 98
36. 세 번째, 델라웨어 한인침례교회 섬김 ... 99
37. 네 번째, 데이튼 사랑의 침례교회 섬김 ... 102
38. 치욕적 상처, 무너져 내린 자존심 ... 103
39. 비엄도 이사의 한 이유 ... 106
40. 다섯 번째, 남가주 지구촌교회 개척 섬김 ... 108
41. GBC 미주복음방송 ... 109
42. LA Rainbow Tres Dias ... 111
43. 만나 맛난 섬김 지기 ... 112
44. 여섯 번째, 코로나 새비전교회 개척 섬김 ... 115
45. (뇌 수술) UCLA 병원 ... 118
46. P.K.: 목회자의 자녀들 Pastor Kid, Problem Kid ... 122
47. 경제적 부담, 피할 길 주시며 공급하시는 풍성한 은혜 ... 124
48. 버팀의 비결/ 큐티 ... 126

49. 일곱 번째, 열린길교회 한국으로 역이민 개척 섬김 ... *127*

50. 맑게 갠 하늘의 날벼락 소식 ... *128*

51. 막내에게 찾아온 급성골수 백혈병과의 첫 씨름 ... *130*

52. 엎친데 겹치는 나의 질병 ... *131*

53. 앤드류의 두 번째 이식 ... *133*

54. 두 번째 뇌 재수술 ... *134*

55. 찬양의 삶 ... *136*

56. 여덟 번째, 시애틀 휄로쉽 교회 개척과 노숙자 사역 ... *139*

57. 앤드류의 백혈병 재발 Leukemia relapse ... *141*

58. "엄마, 집에 가서 쉬어" ... *142*

59. 앤드류의 이 땅에서의 마지막 여행 ... *146*

60. 아홉 번째, 샌프란시스코 상항서머나교회 섬김 ... *148*

61. 주님의 사려 깊은 배려심 ... *150*

62. 충족의 은혜 ... *152*

63. 앤드류의 마지막 효도 가운데 이사 ... *155*

64. 마음 메모장 ... *156*

에필로그 ... *159*

Part 1

축복의 도구 고질병과

백혈병(Leukemia)

나의 고질병과 아들의 급성 골수성 백혈병

"생각하건데 현재의 고난은 장차 우리에게 나타날 영광과 비교 할 수 없도다"(롬 8:18)

어떤 사람은 이 구절을 대할 때에, 이 성경을 기록한 사람은 틀림없이 어떤 고난에도 끄떡도 않는 강심장을 가진 사람이거나, 아니면 평상시에 일어나는 사소하거나, 별것 아닌 일들에 익숙해진 사람이 쓴 것이라고 생각할 수 있습니다.

그러나 이 구절은 성령의 도움이요, 이끄심으로 기록된 것이며, 가장 '가혹한 고통'에 시달린 사람이 기록한 것으로, 고난 후의 '영광'은 상상이 아닌 수많은 시간 육신의 고통을 통과하면서 체험한 '확신'입니다.

때때로 저 자신도 감당할 수 없는 잔혹한 고통이 이어질 때, '하나님은 정말 존재하시는가?'라며, 의문과 의심이 들 만큼,

깊은 상처와 절망의 늪으로만 빠져들기도 했습니다. 하나님이 외면하지 않으신다면 왜 나를 도와주지 않는지 실망하며 한탄할 때, 그때도 저를 위한 많은 분들의 기도 가운데 하나님은 여전히 내 곁에 함께 계셔 연약한 손 다시 일으켜 세워주셨습니다.

예수님도 십자가를 앞두시고 간절하고 절박한 모습으로 자신의 고통에서 벗어나게 해달라고 하나님께 기도를 드렸으나 그분이 원하시는 대로의 응답받지 못하심을 성경은 고스란히 나타내고 있습니다.

예수님은 아버지를 향해 온몸에 전율이 느껴질 만큼 처절한 탄식도 하셨습니다.
"나의 하나님, 나의 하나님, 어찌하여 나를 버리시나이까?"
그러나 "어찌하여"라고 울부짖는 예수님의 질문에도 하나님은 아무런 대답도 주시지 않으셨고, 예수님은 거부당하며, 철저하게 버림받으셨습니다.

하지만 최선의 시간에 하나님은 침묵을 깨고 응답하셨습니다.
산산조각 난 듯한 응답은 소망이 되어, 무덤 속에서 사망 권세를 이기시고 하나님의 아들인 예수님은 죽음에서 부활하셨습니다.

이 놀라운 사실은 깨진 꿈과 버려진 소망들이 우리가 상상할 수 없이 다시 세워지고 셈을 할 수없이 성취될 것임을 미리 보여주시는 확실한 사실입니다.

버클리대학을 막 졸업하고 취업을 준비하던 아들 앤드류는 갑자기 찾아온 '급성 골수성 백혈병'으로 2~3년 동안 병원에서 입원과 퇴원을 반복하다가 점차 증세가 악화되었습니다. 그때에 엄마인 나도 같은 날, 같은 병원인 샌프란시스코 대학병원(UCSF)에서 층만 다른 병실에 아들과 나란히 누워 있었습니다.

나는 고질병으로 수술했던 부위가 재발되었기 때문이었습니다. 좀 더 깊이 뇌 한쪽 측면 부위를 잘라내야 하는 대수술을 앞두고, 앤드류와 같은 날, 같은 병원에 입원했던 것입니다.
어떤 분은 "아들과 엄마가 같은 병원에 입원해 있어, 층만 왔다 갔다 하면 됨이 다행입니다"라며 위로해 주었습니다.
가족이 한시도 마음을 놓을 수 없는 상황에서 노심초사하며 수시로 병원을 들락날락해야 하는 수고를 조금이나마 덜 수 있음에 감사하기도 했습니다.

마음으로는 아픈 앤드류 옆에 누워서라도 함께 그 고통의 시간을 기도하면서 나누고 싶었습니다. 그래서 병원 측에 간곡하게 부탁도 해보았지만 허락이 안되었습니다. 그곳은 각자가 담당해야 할 자신만의 시간을 갖도록 주님의 이름으로 예약된, 잠시 머문 자리였던 것입니다.

사람들은 세상을 살아가며 바라고 원하는 바를 이루고픈 소원들이 있습니다. 굳건한 믿음을 가진 크리스천은 자신이 구하는 기도가 응답되지 않을 때 "왜?"라는 질문에 앞서, 주님의 인도하심을 믿고 모든 것을 맡겨 드립니다.

내가 이 땅에서 가는 길에 겪어야 할 시련기가 무한정이며, 찾고 구하는 바 고통의 해답을 찾을 수가 없어도 분명한 정답은 "하나님의 섭리"에 의한 것임을 전적으로 신뢰하는 것입니다.

내 고질병으로 인해 어디에서든, 아이들을 놀라게 하며 갑작스레 남편을 무안케 하지 않고, 목사님으로서의 자존감을 어떻게든 세워드리길 원했습니다.
사모란 자리에서 성도님들에게 아픔을 내어놓기보다는, 부담과 걱정의 대상이 되어서는 안된다는 조바심 속에 갇혀 있었습니다. 덕스럽지 못한 모습과 시험 거리가 될 이야기들을 마음의 담요 속에 꼭꼭 감춰두었습니다.
내가 지나온 수많은 나날들 속에 익숙해진 단어 'Epilepsy(뇌전증 또는 간질)'로 인한 경련과 'Seizure(발작, 그리스어 사로잡히다)' 그리고 여러 번의 M.R.I(Magnetic Resonance Imaging) 정밀검사,

E.E.G(Electroencephalogram) 뇌파검사 등을 경험했으며, 약들을 빠짐없이 복용해야 했습니다.

뇌 수술로 손꼽히는 UCLA(University of Los Angeles Hospital)에서 수술을 받았고 몇 년 후 재발로 인해 UCSF(University of San Francisco Hospital)에서 재수술을 받았으나, 작게 든 크게 든 계속적으로 발생하는 만성 신경계 질환에 대해 병원에서는 "특별한 원인과 이유가 없다"라고 했습니다.

모든 과정이 "하나님의 섭리"임을 믿는 것이 내겐 최선의 방법이었습니다.

내게 주어진 고질병과 동행하며 넓디넓은 광활한 미국 땅에서의 지나온 40여 년간의 삶과 사역지를 돌아보니 주님의 무한한 은혜의 흔적들이 가득히 남겨져 있음을 봅니다.

멈출 수 없는 눈물이 내 삶에 계속 이어져 왔지만 끝까지 나를 사랑하시는 주님의 손길로 인도함 받으며 지금껏 살아왔습니다.

미국의 여러 도시에서 개척교회와 기존 목회지 청빙으로, 몇 개의 주와 도시들을 옮겨 다니고 한국으로 역이민 사역을 하는 가운데도 내 육체의 가시를 품은 채 계속 동행해야만 했습니다.

언제, 어디서, 어떻게, 어떤 모습으로 넘어지고 쓰러질지 모르는 표현하지 못할 가슴 앓이를 하며, 어떻게든 두려움을 떨쳐 버리려고, 오직 주님만을 의지하며 버티려 노력했습니다.

  각 곳 사역지의 교회 공동체를 섬기는 가운데, 더욱이 '사모'라는 신분에 맞지 않다는 시험 거리가 되어 상처를 입혔고, 목회 비전에 걸림돌, 브레이크를 경험하기도 했습니다.

  그런 가운데서도 '내게 허락하신 고난'이 나와 꼭 동행해야만 나에게 맡겨진 사명과 소명을 진지함으로 이룰 수 있는 주님의 뜻임을 깨달았습니다.

  내 못된 기질을 순화시키고 '인내'라는 시간으로 길들이시는 주님이십니다. 간혹 피할 길도 주시는, 완전하신 주님과는 그 어떤 것으로도 흥정할 수가 없습니다.

  주님의 시선 속에 있는 크리스천은 밤에 신앙의 향기가 발산되는 것이라 합니다. 그 향기를 감추지 말고 나눌 수 있는 날이 오도록 나의 기나긴 밤에 아픔의 동반자가 되어 주시는 주님께 간구 드리곤 했습니다.

  그리고 저처럼 육신의 고통 가운데 있는 이들과, 먼저 떠난 자녀들을 잊지 못하는 이들에게 제가 체험한 이 조그만 신앙 간증이 조금이라도 위로와 격려가 되기를 바랍니다.

  "살아가는 데 있어서 가장 위대한 영광은 절대로 넘어지지 않는 것이 아니라, 넘어졌을 때 일어서는 것이다." – 넬슨 만델라 –

십자가의 고통 중에도
어머니를 배려하시던 예수님처럼

"예수께서 자기의 어머니와 사랑하시는 제자가 곁에 서 있는 것을 보시고 자기 어머니께 말씀하시되 여자여 보소서 아들이니이다 하시고"(요 19:26)

예수님은 십자가 처형으로 깊은 신음 속에 거친 호흡과 육신의 한계상황으로, 고통의 끝자락에 계셨습니다.

그 마지막 심장의 고동이 멈추기 전, 예수님은 혼신의 힘을 쏟아내어 자기를 이 땅에 육신의 산고로 낳아주신 어머니 마리아를 바라보시며, 타들어 가는 목마름 가운데서도 어머니를 부르셨습니다.

예수님은 하나님의 아들로서 하늘 아버지의 뜻을 따라 공생애를 다하시고 마지막 순간까지도 육신의 어머니를 향한 그의 마지막 사랑과 배려를 담아 그의 제자인 요한에게 어머니를 부탁하셨습니다(요 19:26, 27).

　앤드류가 하늘나라로 부름을 받기 6개월 전, 새로운 임상치료가 있다 하여 가족이 큰 기대를 갖고, 스탠퍼드 대학병원으로 달려갔습니다. 그러나 원하던 기대와는 달리, 임상치료실이 아닌, 중환자실로 가게 되었습니다.

　그때 혹시라도 하는 마음에 가슴이 두근두근 뛰었습니다. 의료진들은 "아들은 이미 새로운 치료를 받을 수 있는 상태가 아닙니다"라고 말했습니다.

　앤드류는 호흡이 점점 거칠어만 가며, 온몸이 퉁퉁 부어올라 정말로 심각한 상태가 되었고,

　숨 가쁜 모습이었습니다. 애타하는 가족을 수술실 밖으로 불러낸 담당 의사는 "앤드류가 오늘 밤을 넘기지 못할 것"이라고 말했습니다. 잘못 들은 것이라고 외면하고 싶었고, 너무 큰 충격 속에 망연자실했습니다.

　이 땅을 떠날 때는 순서가 없다 하지만, 이렇게 빨리 아들을 떠나보내야 하다니…. 그 상황 속에서도 분명 하나님의 섭리로 인함이라 믿었습니다.

　앤드류는 혼수상태에서 잠시 정신이 돌아왔습니다. 그러고는 입을 조인 산소 호흡기를 벗겨 달라고 했습니다. 그 모습을 보는 순간, 내 가슴은 미어지게 아팠고, 아들 대신 엄마가 누워 있을 수만 있다면 하는 바람 속에 그저 눈물을 흘릴 수밖에 없

었습니다.

　초조하게 눈물 범벅이 되어 있는 누나 한나와 형 조슈아 그리고 아빠, 엄마에게로 시선을 향한 앤드류는 마지막 말을 하듯 간신히 입을 열어 말했습니다.
　"엄마, 이제 그만 집에 가서 쉬어!"

　호흡이 곤란하고 온몸이 심하게 부어오르고 치료도 더 이상 안 된다는 심각한 상태에서도 막내 앤드류는, 엄마가 얼마 전 큰 뇌 수술을 받은 것을 기억하고는, 엄마에 대한 걱정스러운 눈빛으로 바라보며 말했습니다.

　얼마나 따뜻하고 착한 심성을 지녔는지…, 이렇게 보배롭고 귀한 아들을 어떻게 잊을 수 있을까요? 엄마의 가슴팍, 마음속 깊이 새겨둘 수밖에는….
　"오늘 밤을 넘기기 어렵다"라는 믿기지 않는 선고를 받았지만, 긍휼의 하나님께서는 앤드류의 생명을 6개월 연장케 하시는 기적을 베푸셨습니다.
　지난 시간들을 돌아보니 순간순간이 얼마나 큰 은혜요 축복이며, 감사의 시간이었음을 깨닫게 됩니다.
　나의 지나온 숱한 세월 속에 겪은 육신의 병고의 시달림과 사랑하는 아들 앤드류의 급성 골수 백혈병이란 특별한 여행길에 숨어있는 하나님의 신비한 계획하심을 다 알진 못해도 주님만을 사랑하며 의지합니다.

　고난은 있어도 절망은 없음을 믿음 안에서 붙잡고, 하나님의 마음에 합한 모습이 되도록 맡겨주신 사명을, 달려갈 길을, 다 가기까지 순종하며 가겠습니다.
　언제나 사소한 것에서부터 감사할 이유를 찾아내며 생명이 다하기까지 주님께 감사하며 살겠습니다.
　사랑하는 아들, 앤드류 웅아, 엄마도 조금 후에 갈게!

　"감사의 마음은 얼굴을 아름답게 만드는 훌륭한 끝손질이다." - T. 파커 -

Part 2

결혼 전 나의 가족, 내게 전해진 복음의 씨앗

외할머니의 예수님 영접

평안북도에서 사시던 외할머니는 우상숭배로 온갖 미신들, 귀신을 다 믿으셨습니다.

여러 자녀를 두셨는데, 낳은 대로 병치레를 하며 결국 다 죽고, 막내였던 나의 엄마만이 겨우 살아남게 되었습니다.

하루는 외할머니가 장에 다녀오시다가, 당시 평안도에 처음 세워지기 시작한 예배당에서 유난히 큰소리가 나서 구경 삼아 그곳으로 혼자 발길을 옮기셨습니다. 사람들이 모여 북적거리고 비좁은 다다미방에 앉아, 찬송을 부르며 부흥회를 하고 있는 광경이 외할머니 눈앞에 펼쳐졌습니다.

단지 미신을 믿음이 최고인 줄만 알고, 예수님에 대하여 전혀 알지 못했던 외할머니는 그곳에서 생전 처음 목사님의 설교를 통해 하나님의 말씀을 듣게 되셨습니다. 세상의 그 어떤 다른 신이 아닌, 오직 예수님만을 믿고, 자신이 지은 죄를 회개

하면 그 죄를 사하여 주시고, 구원을 받아 영생을 얻을 수 있다 함을 알게 되셨고, 그 자리에서 예수님을 영접하셨습니다.

외할머니는 자신이 믿고 있는 잡신들이 헛것임을 깨닫고, 집으로 돌아오셔서 애지중지하시던 온갖 귀히 여긴 미신, 귀신 단지들을 찢고 모두 밖에 내다 깨버리셨습니다.

그때부터 외할머니는, 자신이 구원받았음을 기뻐하시며, 예배당으로 발걸음을 옮기실 때면, 막내딸로 살게 된 나의 엄마 손을 꼭 붙잡고 주일이 되면 교회에 가서서 예배를 드리셨습니다.

아버지와 어머니의 첫 만남

아버지가 태어난 곳은 평안북도 영변이고, 어머니는 평안남도 개천에서 태어나셨습니다.

외할머니의 영향력으로 어머니는 주일날이 돌아오면 빠짐

없이 유년주일교회에 가서 예배를 드렸고 찬송가를 부르는 시간을 좋아하셔서, 주일학교 때부터 성가대의 자리에 서게 되셨습니다.

성가대원들의 찬양을 위한 모임 가운데서, 어머니의 시선에 유독 들어오는 또래의 남자 대원을 좋아하게 되셨고, 서로 사귀며, 결국 결혼을 약속하셨고, 다니던 교회 목사님의 주례로 결혼을 하셨습니다.

부모의 곁을 일찍이 떠난 나의 형제들

아버지는 신혼생활을 시작하며, 열심히 광산에서 일하심으로 경제력을 키워 가셨고, 첫딸이 태어난 기쁨 속에 넉넉한 생활로 첫딸을 당시 처음 세워진 유치원에 보내기도 하셨습니다.

그 밑으로 어머니는 딸 둘을 낳고, 첫아들을 낳으셨는데, 그때는 치료할 약, 방법, 의료시설이 없던 때로, 3년 터울로 태어난 세 자녀들이 여섯 살까지 버티지 못하고 모두 홍역을 앓다가 결국 다 잃어버리셨습니다.

그땐 유독 남존여비 사상이 강했던 시대라, 첫아들까지 잃게 된 어머니는 날이면 날마다 더 큰 서러움 속에 몹시 애달피 우셨습니다.

비가 내릴 때면 산소에 달려가서, 우리 애들이 빗물에 떠내려간다고 소리치시며 무덤을 두 손으로 움켜 붙잡고 눈물을 흘리셨습니다. 그런 모습을 보거나 듣게 된 동네 사람들은 어머니가 "무엇에 홀려 미쳤다"라고 말하기까지 했습니다.

부모님의 남한으로 피난

1945년 일본이 패망하고 제2차 세계대전이 끝나며, 북한에는 소련이 들어오고, 김일성이 정권을 잡게 되었습니다.

인민군들이 지주들의 모든 재산을 다 빼앗고, 예수를 믿는 자들은 모두 반동분자라며 교회 다니는 사람들을 모두 잡아갔습니다. 예수님을 믿는 자들에 대한 박해가 심해져 감을 눈치 챈 어머니가 도망갈 기회를 엿보고 있었습니다.

둘째 아기를 임신 중에 있던 어머니는 할아버지, 할머니, 아버지, 큰딸과 함께 한밤중에 삼팔선을 몰래 넘었습니다.

어머니는 남한에 피난 가서 생계를 위해 쓰려고 귀한 귀중품을 챙긴 짐 보따리를 손에 꼭 쥐고 걷다가, 강가에서 그만 떨어뜨려 강물에 떠내려가고 말았습니다.

어머니는 가족을 위한 전 재산을 잃음을 너무나 안타까워하시며, 강물에 떠내려가는 보따리를 온갖 힘을 다해 건지려 했지만, 발버둥을 치면 칠수록 강물에 빨려 들어갔고, 이 모습을 보던 가족들의 만류로 보따리를 포기할 수밖에 없었습니다.

그 보따리 안에는 남한 땅에서 가족과 함께 생활하며 쓰려 했던 값있는 귀중품들이 있었으나, 그것들을 다 잃어버린 것입니다.

그래도 어머니는 혹시 삯바느질이 생계에 도움이 될 수 있다고 생각해서 재봉틀을 챙겼는데, 그것만은 놓치지 않고 가지고 오셨습니다.

피난 온 남한에서 새로운 시작

피난 온 가족들이 남한 땅에서 처음으로 정착한 곳은 서울 중구 신당동이었습니다. 이곳에서 새 삶을 시작한 어머니는 이곳에서 둘째 딸을 출산했고, 북한의 탄압 정책을 반대하는 일을 하셨습니다.

파렴치한 공산주의, 빨갱이들이 얼마나 나쁜지, 어머니는 북한 상황을 알리려고 이북에서 넘어온 사람들끼리의 모임을 갖으며, '서북청년회' 부녀부장직을 맡기도 하셨습니다.

1950년 6월 25일에 전쟁이 터지며 북한의 공산당 인민군들이 남한으로 쳐들어 왔습니다. 서울이 점령당하게 되었고, 인민군들이 자신들이 칭하는 반동분자들을 색출하려고 온 동네를 뒤지고 돌아다녔습니다.

어머니는 그때에 공산당을 탄압하는 부녀부장으로 일했기에 동네 사람들의 입소문을 통해 인민군들이 알게 되었습니다. 그들이 그 소문을 듣고 집을 찾아내었고, 어둡고 컴컴한 한밤중에 문을 두드리며 어머니를 색출하러 왔습니다. 문을 부스러뜨리며 계속해서 "이 집이 '궁이옥'의 집이 아니간?"이라며 소리쳤습니다.

　증명할 신분증이나 아무런 사진이 없던 시절, 오직 이름만 알고 사람을 찾던 때지만, 엄마는 더욱 큰 일이 일어날까 하여 문을 열고 "그런 이름을 모르고, 이집에 그런 사람 없다"라며 시치미를 떼셨습니다.
　그들은 다 알고 왔으니 거짓말 하지 말고 사형으로 처형당하기 전에 "무조건 나오라"고 소리쳤습니다.
　어머니는 눈치로 '아차' 싶었지만, 결국 숨길수가 없으셨기에 두 살배기였던 셋째 딸을 업은 채로 잡혀가셨습니다.

　어머니는 험악하고 침침한 취조실로 끌려가서 감금되셨고, 과격한 공산당원들의 모진 행패와 못된 언행을 참아내셨습니다.
　그들은 어머니에게 억지로라도 거짓말을 시켜, 자신들이 요구하는 대답을 집요하게 끌어내려고 심한 언어폭행을 비롯해 폭력적인 행동을 서슴지 않았습니다. 어머니는 이런 공포를 도저히 피할 수 없었고, 꼼짝없이 갇혀 무슨 대답이라도 하셔야 했습니다.

험상궂은 눈, 번뜩이는 눈빛으로 엄마를 뚫어지게 쳐다보는 취조자가 퉁명스럽게 "본적?"이라고 묻자 어머니는 잠시 멈칫하셨습니다. 북한에서 피난하여 남한으로 내려왔지만 충청도 탄광에서 일했던 남편인 아버지가 익힌 충청도 사투리가 생각이 나셨습니다.

얼른 사투리를 흉내 내시며, "충청남도 예산군 예산면이여유"라고 예전에 살았던 주소로 대답하셨습니다.
취조자가 "니가, 이북에서 넘어온 궁이옥이 아니냐"라고 되물으며 "네가 평안도에서 내려온 '궁이옥'이 맞지?"라고 다그쳤습니다.
어머니는 다시 "난 그런 이름도 모르고유, 들어본 적도 없어유. 평안도가 어딘지도 몰라유"라고 충청도 사투리로 말하며 어떻게든 위기를 모면하고자 하셨습니다.

어머니는 점점 더 코너에 몰렸고 더 이상 취조를 하면 신분이 탄로나 끔찍한 일이 일어날까 두려워하셨습니다.
이런 분위기 속에서 뭣도 모르고 엄마의 등에 업혀 자고 있는 어린 딸이 깨어 울자 아기의 여린 살을 간간히 꼬집었고, 자던 딸이 놀라 소리를 지르며 울기 시작하였습니다.

어머니를 취조하던 자들은 한밤중에 울어제끼는 어린 아기… 자신들이 반동분자라고 잡아온 여자가 남한의 충청도 사투리를 잘하자 혼란스러웠습니다. 무엇보다 아기의 울음소리가 너무 귀찮고, 짜증스러웠던지 잘못 잡아왔다고 판단해 결국 어머니를 풀어주었습니다.

다시 피난길

어머니는 다시 잡혀가면 끝이라는 생각으로 집으로 돌아오신 후 다른 사람들의 눈을 피해 간단히 짐 보따리를 챙기셨습니다. 그리고는 줄행랑을 치듯, 그곳을 빠져 나가려 하셨는데 함께 따라갈 수 없으셨던 할아버지, 할머니가 몹시 마음에 걸려 눈물을 흘리며 안심을 시켜 드렸습니다.

쥐를 잡듯, 공산당들이 동네마다 헤집고 다닐 때였지만, "나이 많은 노인들은 내버려 두고 그냥 돌아갈 것"이라고 할아버지와 할머니를 안심시킨 후 아버지, 어머니, 당시의 세 딸, 그렇게 다섯 명만이 피난길을 떠났습니다.

가족이 떠나자 곧바로 인민군들이 집에 들이닥쳤습니다. 그들은 자신들이 찾고 있는 반동분자 중의 한 인물이 나의 어머니임을 알고 급히 체포하여 사형집행을 강행하기 위해 온 것입니다.

도망가고 없는 줄, 잡을 때를 놓친 줄 알면서도 힘없는 할아버지, 할머니께 "며느리가 어디 있느냐"라고 다그쳤으나 소용이 없었습니다. 그렇게 할아버지, 할머니는 어머니 대신 화를 당하셔야 했습니다.

이후 부모님은 거처를 정하기 위해 이곳저곳을 찾아 다니셨고, 결국 부산까지 피난하게 되셨으나 그곳에서의 생활도 잠시 뿐이었습니다. 계속 처내려오는 북한 인민군들로 인해 부산도 안전하지 않았기에 가족은 다시 짐을 꾸려서 무작정 어디론가 피난을 해야 했습니다.

마침, 부산 항구에 피난민을 위해 준비되어 있는 아주 큰 배가 있다함을 알게 되었고, 많은 피난민들이 몰려든 곳에 가족도 간신히 끼어 그 '피난의 방주'를 타고, 피난처가 된 제주도에 이르게 되셨습니다. 그러나 그곳에서 조금 사시다가 다시 부산으로 가셨습니다.

첫째 언니와 형부의 만남

가족은 부산에서 자리를 잡아가며 부산 영주동에 정착하였고, 부모님은 쌀 소매상을 시작하셨습니다.

현재 큰 형부가 된 그 가족이 근처에서 쌀 도매상을 운영하셨습니다. 엄마가 쌀 거래를 위해, 그 쌀 도매상에서 쌀을 받아와서 장사를 했고 당시 고등학생이었던 큰언니가 돈을 가져다주는 심부름을 하곤 했습니다.

그때 도매상에서 소매상으로 무거운 쌀을 운반하는 심부름을 큰형부가 했습니다. 거기서 큰형부가 언니한테 반하여 데이트를 하기 시작했습니다.

그때쯤에 우리 가족은 살던 곳을 떠나, 다시 서울로 올라와 용산구 용문동에서 살게 되었습니다. 큰형부는 유학시험에 합격하여, 전쟁직후 미국유학 초기 대열에 합류하셨습니다.

큰형부가 먼저 미국으로 떠나고 일 년 후에, 당시 수도여자고등학교 2학년에 재학 중이었던 큰언니를 형부가 초청하였습니다. 당시만 해도 비행기로 미국에 가기보다는 오랜시간 배를 타고 미국으로 가는 시절이었습니다.

큰언니는 미국으로 가기 위해 유학시험에 응시했으나 두 번이나 떨어져 미국에 가는 것을 포기하려 했습니다. 그러다가 마지막으로 한번만 더 시험을 보기로 작정하고 응시했는데 마침내 합격이 되었습니다.

당시는 3월이 졸업시즌이어서 미리 갈 수 없는 형편인지라 어머니가 수도여고에 찾아가서 딸의 졸업장을 미리 해달라고 부탁을 하셨습니다.

그러나 학교 측에서는 3월이 되어야 줄 수 있다고 거절을 했고 어머니가 막무가내로 "지금 이 수도여고 최초로 미국으로 유학을 가는데, 허락을 안 해주면 우리 딸 앞날을 망치려 하십니까?"라며 담판을 지어 결국 언니의 졸업장을 받아내셨습니다.

큰언니는 1954년 10월, 부산까지 내려가 배를 타고 한 달 동안이나 배 안에서 지내다가 미국에 도착했습니다.

가족의 미국 이민생활

　미국 동부에 있는 미시간 앤아버(Ann Arbor)에서 큰형부는 학업취득을 위해 미시건 대학을 다녔고 큰언니는 뒷바라지를 위해 열심히 여러 가지 일들을 하였습니다.

　그때는 무엇을 발명한다는 개념이 미약한 개발도상에 있었습니다. 형부가 공부를 하는 가운데, 독창적인 지혜와 기발한 아이디어로 삶에 필요한 물건을 발명하게 되었습니다.

　형부는 오하이오주 톨레도(Toledo, Ohio)에 I.A.M.(International Automatic Machine) 회사를 차렸습니다. 커다란 포대 자루에 들어 있는 설탕 및 가루를 종류별로 담을 수 있도록 하는 기계인데 일인용을 비롯해 소분할 수 있는 기계를 발명한 것입니다.

　한국인으로서 국제적으로 알려지며 사업도 번창했습니다. 한국에도 알려져 서울 중구 필동에 있는 대한극장에서 영화 상영 전, 5분간의 뉴스를 통해 '대한민국을 세계에 알리는 한국인'으로 알려지기도 하였습니다.

당시만 해도 한국에서 미국으로 이민 길에 오르는 사람이 거의 드문 때였지만, 미시건과 오하이오의 한인들은 그곳에서 일할 수 있는 기회가 되었습니다. 그리고 큰언니의 가족 초청 이민으로 한두 명씩 순서를 밟아 온 가족이 이민 길에 오르게 되면서, 1979년 3월 18일 나와 어머니는 마지막으로 미국으로 가게 되었습니다.

아버지의 딴 살림

아버지를 제외한 모든 가족은 미국으로 이민을 왔지만 당시 한국에서 약국을 운영하시던 아버지는 아들로 대를 잇고자 하는 바람으로 그곳에서 일하는 여직원과 사귀며 외도를 일삼게 되었고, 결국 어머니는 오래전 이혼을 하셨습니다.

저는 아버지와 함께 살아본 기억이 없습니다. 어릴 적의 기억으로 학교가 방학이 되면, 어머니는 아버지가 계신 부산으로 딸들을 보냈고 학교 개학이 가까우면 돌아오게 된 희미한 기억 밖에는 없습니다.

아버지가 내 머리라도 쓰다듬어 준다거나, 이름이라도 한번 불러 준 기억도 없이 자랐습니다. '다정히 아버지 품에 안겨 보았으면' 하는 바람이 있었지만, 아버지라 불러본 기억 없이 그냥 그렇게 컸습니다.

남산 밑, 회현동에서의 생활

우리 가족은 필동에 잠시 거처하다가 내가 한두 살쯤 되었을 때 서울역 근처로 이사를 하였습니다.

원체 생활력이 강하셨던 어머니는 가정을 꾸며 나가시기 위해, 이북에서 피난 내려올 때 가지고 온 재봉틀을 밤낮 쉬지 않고 돌려 뭐든 돈이 될만한 것들을 만들어 내셨고, 실 뜨개질을 하여 생활비를 충당하셨습니다. 커가는 딸들을 위해 스웨터, 목도리, 손장갑, 겨울 모자 등을 만들어 주셨습니다.

어머니가 열심히 일하시는 가운데 회현동에 형편에 맞는 집을 마련했고 집세를 갚아 나가기 위해 세를 놓으시려고 공간을 칸막이로 나누어 방을 꾸몄습니다.

어머니는 먼저 사정이 딱한 자들을 염두에 두시고 거처가 급한 사람들, 경제적으로 너무 쪼들리는 사람들, 일자리를 찾으려고 멀리서 온 사람들, 아기를 낳고 장사를 해야만 생계가 가능한 아이 엄마 등에게 세를 주어 다세대가 모여 살았습니다.

나의 어린 시절 춤 끼

나는 어릴 적부터 집에 있는 전축에서 흘러나오는 노래를 따라 부르는 것과 유행에 맞는 빠른 리듬에 맞춰 춤추기를 좋아했습니다.

당시 한창 유행했던 '상하이 트위스트' 노래에 맞춰 철딱서니 없는 춤으로 어른들께 흥을 북돋아 주었습니다.

한번은 버스를 타고 멀리 가야하는 동네에서 장기자랑대회에가 열리게 되었습니다. 거기에서 상을 받으면 금반지 등 각종 상품을 선물로 준다는 소식을 알게 된 가족들의 부추김에 뭣도 모르고 나가서 상하이 트위스트를 멋들어지게 추어 상도 받았습니다.

다양한 율동의 흐름과 유행에 따라 춤에 몰입 되어, 그 솜씨로 어른들께 칭찬을 받고 싶었습니다.

어린 시절의 놀이란, 집 밖에서 친구들과 함께 고무줄타기, 공기놀이, 땅따먹기, 딱지치기… 한정된 놀이 밖에 없던 때였기에 나에겐 음률 영역을 나름대로 키우게 된 과정이 된 것같습니다.

헐벗고 굶주린 자들을 돌보신 어머니

1950~60년 전·후반에 걸쳐 남한 땅 곳곳에는 전쟁으로 인한 많은 고아들이 배고픔을 해결하기 위해 먹을 것을 구걸하곤 하였습니다.

낡고 허름한 옷에는 길바닥의 흙이 묻어 있는 것이 다반사였고 영양실조로 초췌한 얼굴과 빈 깡통을 들고 남의 집 문을 두드리며 "밥 좀 줍쇼"라고 간절히 구걸하는 아이들….

어머니는 불쌍한 거지 아이들을 보면 그들을 데려다가 쌀독에 쌀이 얼마나 있는지 신경도 쓰지 않고 먼저 찬밥이라도 남아 있으면 먹게 하였습니다.

심지어 징그럽고 더러운 '이'라는 벌레들이 사람의 몸, 이곳저곳으로 옮겨 다니며 전염을 시키고 있음을 알면서도, 어머니는 일말의 주저함도 없이, 잘 보이지도 않는, 거지들의 머릿속의 '이'를 잡아 주셨습니다.

잘해주어도 뭔가를 훔쳐서 빠져나가는 아이들도 있었지만, 감사히 여기며, 오랫동안 가족처럼 지낸, '재정'이라는 아이도 있었습니다. 어머니의 성경에서 배운 긍휼의 마음을 저도 조금은 유전적으로 물려받은 듯합니다.

"고아와 과부를 위하여 정의를 행하시며 나그네를 사랑하여 그에게 떡과 옷을 주시나니"(신 10:18)

'홍역'의 역을 통과

엄마는 결혼 후 임신해 첫째로 딸을 낳았습니다. 남아 선호 사상이 짙은 그 시대였기에 아버지는 아들을 기다리셨습니다.

그러나 엄마는 둘째와 셋째도 딸을 낳으셨고, 그 후 기다리던 넷째 자녀 즉, 첫 아들을 낳아 온 집안에 큰 기쁨의 경사가 있었습니다. 그러나 그 기쁨은 잠시뿐이었습니다. 그 아들을 홍역으로 잃게 되는 잔혹한 아픔을 겪게 되셨습니다.

설상 가상으로 앞서 태어난 두딸도 병으로 잃게 되었습니다.
그후로도 계속해서 딸들을 낳으셨고, 가장 늦둥이인 내가 부모님의 여섯 자식 중의 막내로 태어나 살아남았습니다.

내가 태어난 지 몇 개월도 되지 않았을 때, 새록새록 잠을 자던 아기의 숨 쉬는 소리가 어머니의 귀에 들리지 않았습니다. 껴안고 흔들며 움직여 보았으나, 아기는 감각이 없는 듯했고 호흡이 돌아오지 않았습니다. 혹시 우유를 잘못 먹어 채 했을지도 모른다고 생각하신 어머니가 배꼽 위에 뜨거운 뜸을 놓았으나 여전히 반응이 없었습니다.

가족들은 몹시 가엾고, 안타까운 마음에 눈물을 흘리며, 숨을 거둔 아기를 가족과 의논하여 장사를 치르려고 윗목에 밀어 놓으셨습니다. 그런데 가족이 잠든 깊은 한밤중에 아기가 경악스러운 울음소리를 내며 숨을 쉬게 되었습니다. 앞으로 살아야 할 이유가 있었던 것처럼 말입니다.

죽었던 나사로를 살리신 전지전능의 예수님께서 내 생존의 첫 경험으로 단 한 번의 생을 거기서 마감치 않게 하시고, 주님의 일을 맡아, 사명을 이루도록 첫 호흡의 고비를 통과하게 하셨습니다.

'놈새'

　나는 귀에서 떠나가지 않는 익숙한 소리를 어릴 때에 계속 들어야 했습니다.
　'별명'이라면 실제 이름이 있음에도 겉모습이나 성격, 행동, 말씨 등의 특징으로 부르게 되는 것을 뜻하는데 나는 무슨 뜻인지 도무지 알 수 없는 별명(?)으로 불렸습니다. 바로 '놈새'라는 단어인데 가족이나 이웃들은 나를 '놈새'라고 부르곤 하였습니다.

　아들이 없었던 부모님은 막내인 내게 '대리만족'의 마음이 있었던 듯합니다. 나는 어린 시절부터 늘 남자아이 같은 상고머리를 해야 했고, 옷차림도 남자아이처럼 입어야 했습니다.
　그래서 그랬는지 좁은 골목길에서 남자아이들과 딱지치기,

땅따먹기와 같은 놀이를 더 좋아했습니다. 그리 어울릴 듯한 모습 속에 사내아이의 냄새가 났는지 '놈새'로 불리곤 했습니다.

교회로 첫 발걸음

모태에서부터 교회를 다녔음이 얼마나 큰 감사인가…. 혼자 다닐 수 있는 유년시절부터 가까운 동네의 '옥광교회'를 다녔습니다.

주일이 되면 예배시간을 빠짐없이 참석하였고 찬양함이 무엇보다 즐겁고 기뻤습니다.

그런 가운데 어린 내게 궁금증이 생겼습니다. 짚과 돗자리로 꾸며진 다다미방에 앉아 예배를 드리는 성도님들이 "하나님 아버지, 아버지… 아버지, 용서해주시옵소서. 아버지…"라고 애타게 부르짖으며, 눈물도 흘리시며 기도하시는 것이었습니다.

눈앞에 보이지도 않는 아버지를 향한 외침이, 아버지가 눈앞에 보임에도 불러본 기억이 없는 내게는 너무도 신기하였습니다. 한편으로는 나의 육신의 아버지가 그리웠는지 그때부터 더욱 열심히 교회를 다니기 시작하였습니다.

북한에서 교회를 다니시며 성가대원으로 헌신하신 부모님의 영향을 받은 듯 나는 노래하기를 좋아하였고, 교회의 특별한 절기나 집회가 있을 때면 어른들 앞에서 혼자 부르기도 했습니다.

"하나님은 나의 목자시니 내게 부족함이 없으리로다.
나로 하여금 푸른 풀밭에 눕게 하시며,
잔잔한 물가로 인도하여 주시네."
시편 23편의 말씀에 곡을 부친 것으로, 다리는 부들부들 떨면서도 찬양함이 기뻤습니다.

성도교회 중·고등부시절

유년시절 '옥광교회'를 다니던 중 교회가 두 곳으로 나뉘어 옮겨야 했습니다.

성도님들의 사정, 형편에 따라 우리 가족은 '성도교회' '김희보 목사님이 시무하실 때에 그곳에 정착하여 주일예배를 드리기 시작했습니다.

나는 그곳의 친구들과 어울리는 가운데, 더 많은 찬양을 배울 기회가 주어진 주일학교 성가대도 있어 너무 기뻤습니다. 학년이 바뀌며 교회 중등부, 고등부의 시절은 다시 되돌아가고픈, 청순한 푸른 꿈을 지닌, 은혜의 풀밭에 머물렀던 때였습니다.

영적 성숙을 함께 이루어 나가며, 신앙 안에서 형제자매들과의 사귐이 기쁘고 즐거워, 여러 교회의 모임에 빠짐없이 참석하였습니다.

학교의 개근상을 타듯이 주일성수는 물론이요, 토요일의 중

·고등부 모임 때에는 1,2부로 나뉘어서 각종의 주제로 성경 퀴즈, 찬송가 찾기 대회 등을 가졌습니다.

열정적인 사역자이신 김길자 전도사님들을 통해 말씀 훈련 속에 조금씩 성장해 갔습니다.

1970년 4월 그때에 성도교회에 고 옥한흠 목사님이 당시 교육전도사로 부임하여 대학 청년부가 활기차게 움직였습니다. 전도사님의 카리스마가 넘치시는 복음에 대한 열정으로 중·고등부, 청년부로 이어가며 아름다운 신앙 생활이 추억이 되었습니다.

그중에 신앙생활을 함께하던 성도교회 선배들 가운데서도 목회자의 길로 가게 되신 분들이 계십니다. 남포교회 박영선 목사님,

이랜드 사목 방선기 목사님 등. 그 시절에 사십일 새벽기도모임, 교회의 부흥집회, '사영리'를 가지고 남산에 올라가 전도하며 사계절 망라하며 모이기에 힘썼습니다.

총회신학대학에서 주최한 '전국 중·고등부성가경연대회'에도 참여하여, 트로피와 상품도 받았습니다.

'문학의 밤', '면려의 밤' 삼각산, 무창포, 여름, 겨울수양회, 체육대회, 여름성경학교인도 등으로 믿음 안에서 한솥밥을 먹을 수 있음이 얼마나 주님의 은혜요 축복인지요.

"형제가 연합하여 동거함이 어찌 그리 선하고 아름다운고"
(시 133:1)

다가오신 주님을 영접

성도교회에서 삼각산으로 가는 중·고등부 여름 수양회를 따라갔습니다.

자연 속에서 선후배들, 친구들과 어울리며 화기애애한 교제 속에 서로서로의 기도제목도 나누었습니다. 마음속까지 깊이 새겨지는 사역자님들의 말씀과 찬양, 기도의 열기가 뜨거워지며 전도사님, 선생님들의 이끄심은 감동이요, 감사였습니다.

　당시 중등부 2학년이었던 나는, 친구들과 흐르는 개울물을 바라보며 바위에 앉아 있었습니다. 머리를 들어 하늘을 바라봄에 선하신 주님께서 구름을 양쪽으로 가르시고 나를 향해 환히 바라보시며 말씀해 주셨습니다.

　"인자야, 내가 너를 잘 알고 있단다. 너는 내가 택한 딸임에 나를 따를 것이다."

　그 거룩하시고 선하신 음성이, 흐르는 구름의 줄기되어 타고 내려와, 내 맘이 은혜의 전율을 느꼈습니다.

　물줄기가 흐르는 삼각산 바위에 앉아, 주님을 확실하게 영접하며, 주님을 위해 살겠노라 다짐도 하면서 감격, 감사의 눈물이 흘러 내렸습니다.

　숭의여고에 들어가서도 합창부로 학교 예배시간에 찬양, 성경교과목을 배웠습니다.

　학교에서 방학 때에 농촌의 여름성경학교를 인도하도록 교생실습을 받고, 예수님을 가까이 따르는 나의 기쁨의 유년부 시절을 생각하며 보내는 봉사의 자리에 가기도 했습니다.

　충청남도 보령군 남포면 삼현리 '삼현중앙교회'에서 귀엽고, 순전한 아이들과 친해지며 예수님을 믿는 아이들이 되도록 가르치기도 했습니다.

　성경학교를 끝맺고 온 후에는 아이들이 보내온 편지 내용에

"다음해에도 와주세요"라고 적혀 있었습니다. 시골 향내가 솔솔이 느껴지는 편지종이들… 어린아이들의순전한 글씨체가 내 마음을 사로잡아 감사의 눈물이 흘렀습니다. 주님을 따르는 그 아이들이 장성해 가며, 믿음도 장성한 분량에 이르게 되길 기도했습니다.

보고 싶은 선생님에게

선생님 안녕 하셔서요
 무더운 날씨에 열심히 공부 하시느라고
얼마나 수고가 많으심이까 저도 열심히
공부 하면서 교회에 열심히 다니며
세상에 나가 친구들을 전하고 있읍니다.
선생님이 우리들과 재미있게 지냈고 서울
무사히 올라 가셔는거요.
나는 선생님를 서울에 보내고서 인사도
하지 못하고 맨날 선생님 생각이니
울고만 있었요.
그리고 동무들은 선생님 서울 올라 가시
고 여름 성경 학교도 안오시고 교회에
안 가서요. 그리고 주일날에 73 명이 교
회에 나외서요. 그리고 선생님들이 서울
올라가셔도 우리 삼현중앙교회 어린이들을
생각 해주셔요. 그리고 선생님이 재미있는
노래도 해주시고 무엇도 해주셨는데
선생님이 서울게 올라 가셔서 우리 교
회 동무들은 아무 것도 못읍니다.
선생님 또 오셔서 우리들 가르쳐 주셔요
그럼 안녕히 계십시요. 몸건강히 안
녕히 계십시요.
 1976년 8월 2일 (조현옥 올림)

Part 3

미국이민,
결혼 그리고 이민목회 여정

이민 길에 오름

내가 태어나기 아주 오래전에 미국으로 떠난 큰언니는 형부의 유학과정을 마치고 자녀들을 낳으며, I.A.M. 회사를 운영했습니다. 그 큰언니가 가족초청이민을 신청하여 한국의 가족들이 한두 명씩 이민 길에 오르게 되었습니다.

1979년 3월 18일 가족 중에서 마지막으로 어머니와 함께 미국으로 오게 되어 비행기를 타고 하와이를 거쳐 낯설고 물 설은 미국 땅에 도착하였습니다.

넓고 넓은 땅의 길이… 바로 옆, 이웃을 만나려면 차바퀴를 한동안 움직여야 만날 수 있는 곳으로, 미국 동부에 있는 오하이오주, 톨레도라는 도시에 정착하게 되었습니다. 낯설고, 물 설은 곳에서 살게 되었지만, 그래도 감사한 것은 모든 가족이 이민 와서 함께 살게 된 것입니다.

쓰임 받은 손

넓고 넓은 미국 땅에서는 스스로 운전을 못하면 아무 곳도 다닐 수 없기에 형부의 도움으로 운전연습을 하여 운전면허 필기, 실기시험을 보고 단번에 운전면허증을 따게 되었습니다.

내 얼굴이 담긴 신분증으로, 직접 내 손으로 운전대를 잡고 움직일 수 있는, 생전 처음 받아 보는 운전면허증을 갖는 뿌듯한 기쁨을 누렸습니다.

운전을 할 수 있음이 자유를 얻은 기분이었습니다. 누군가를 혼자 방문하길 원하는 곳에, 무엇에나 누구에게나 얽매이지 않고 반드시 가야 하는 곳에 갈 수 있음이 또 다른 큰 감사였습니다.

직업을 얻기 위해 어떤 기술이라도 익히고픈 마음으로 스타우츤버거 대학(Stautzenberger College)에 들어가 Data Entry(데이터

입력)를 선택해 Keyboarder를 전공하게 되었습니다. 그곳에서 뒤처지지 않도록 손기술을 열심히 연습을 하고 기술을 습득해 가며, 타자기를 잘하게 되는 자격을 갖추게 되었습니다.

  자격을 이룬 기술로 정착하는 곳에서 하루하루의 생활을 누릴 수 있었고, 가장 중요한 사역을 위해서 커다란 도움이 되었습니다.

  주어진 일들, 필요한 곳에서, 원하는 부분이든 아니든, 모든 일을 성실히 하였습니다. 둘째 언니 가족이 운영하는 "Cereborn Grocery Store'의 계산원(Cashier)을 비롯하여, 이사를 다니는 곳에서도 일자리를 찾았습니다.

  세탁소들(Dry Cleaners), 샌드위치 가게(Teriyaki Sandwich), 범양상선 비서(Pan Ocean Shipping Company), 재활용공장 직원(Recycling Center) 등등.

  결혼 후 이러한 일들을 가리지 않고 나는 나대로 남편은 남편대로 가족과 신학교 수업료를 위해 파트타임, 풀타임으로 일을 하였습니다.

70 멈출 수 없는 눈물

결혼의 귀한 통로가 되어주신 분

이민생활에선 모든 가족이 한자리에 모이기란 쉽지 않습니다. 거리상으로도 이유가 될 수 있고 일하는 환경과 시간도 각자 다르기 때문입니다.

첫째 언니와 형부가 미국에 와서 회사를 운영하며, 딸 셋과 아들 넷, 모두 일곱 자녀를 낳아 키우고 있는 그 집으로 온 가족이 어쩌다 한 번씩 모이기도 했습니다.

어느 날 큰언니 집에서 몇 분의 교포님들과 '이동원 목사님'이라고 불리는 분을 만나 뵙게 되었습니다. 목사님께서 그곳에 모인 분들께 성경 말씀을 풀어 나눠 주심 속에 남달리 은혜로운 말씀들이 귀에 쏙쏙 들어왔고, 표현 못 할 깊은 은혜의 시간을 갖게 되었습니다.

그다음 해엔 이동원 목사님의 아내이신 '우명자 사모님'께서 큰언니 가정을 방문해 주셨습니다.

  그때도 마침 큰언니 집에 가게 되었는데 그곳에 사모님이 계셨고, 큰언니는 "내 막내동생이에요"라며 나를 사모님께 소개해 주었고, 인사를 드림에 사모님은 환한 미소를 지으시며 받아 주셨습니다.

  나의 미래가 결정되는 그 순간이 될 줄이야…
  주님께서 사모님의 시야를 가려 주신 것일까?
  내 스스로도 부족한 면이 많음을 느끼는데…
  사모님은 나와의 첫 만남 자리에서 어디가 흡족해 보이셨을까?

  사모님께서는 한국으로 돌아오시기 전에 큰언니와 인사를 하며 "우리 가족 중에 생각해 둔 시동생이 있으니 막내동생과 연결시켜 보아요"라고 말씀하셨습니다.
  큰언니는 "그것은 본인들의 문제임에 한국에 가서서 시동생께 말하여 그로 하여금, 먼저 편지를 보내도록 해 보세요"라고 대답하셨습니다.

가정을 이루시라는 급행을 원하심

큰언니와 사모님의 대화 내용을 알게 된 나는 그리 큰 관심이 없었는데, 얼마 후 편지가 왔습니다.

이동원 목사님의 넷째 동생, '이동성' 전도사님이란 분이 보낸 것입니다. 편지 안에 간략하게 "형수님으로부터 인자 씨에 관한 얘기를 들었습니다"라고 쓰여 있었습니다. 그리고 본인은 독일로 곧 유학을 떠나려고 준비 중에 있으니, 자신과 결혼할 의사가 있으면 속히 한국으로 나오라는 내용이 담겨 있었습니다.

"왜, 그리도 급하신가?"
한 번도 얼굴을 마주 대하지 못한 가운데 결혼을 위해 한국으로 나오라 하시는지?
조금이라도 사귀어 보지도 못한 가운데 나의 의견을 물어보지도 않고, 결혼하려면 서둘러 나오라 함은 이해가 가지 않았습니다.

쉽게 한국에 갈 수 없는 이유 중 하나는 미국의 모든 학교는 여름방학이 5월 또는 6월에 시작되기에 학교를 다니는 중에 나갈 수는 없다는 설명을 편지에 써서 보냈습니다.

전도사님의 계획대로 독일 유학을 결정해 놓으셨으니, 일단 그곳에 가서서 공부하시고 편지로 교제하며, 주님의 때를 구하길 원하자고 의견을 모았습니다.

그로부터 결혼을 약속한 날짜에 이르도록, 미국과 독일로 편지를 보내고 받아보는 기간이 열흘이 넘었지만, 나는 하루도 빠짐없이 편지를 보내며 그 안에서 사귐을 가졌습니다.

매료 시킨 음성

요즘 같으면 카톡이나 영상통화 등 얼마든지 즉각적인 커뮤니케이션이 이루어지지만, 1980년대 초에는 해외로 편지를 보내는 것이 다반사였고 한번 편지를 주고받으려면 최소 1,2주일이 걸리는 시기였습니다. 국제전화도 무지무지하게 비싸서 카세트테이프에 녹음을 하여 보내는 것이 좀 더 효과적인 수단이었습니다.

편지와 함께 첨부된 녹음테이프에 꽤 듣기 좋은 목소리가 담겨 있었습니다. 이 전도사님은 한창 때 팝뮤직 디스크자키로 활동했습니다.

한번은 구약 아가서 말씀을 통해 그리스도와 교회의 관계를 남녀를 향한 사랑으로 표현해 예수님을 향한 사모함이 더 짙게 느껴지도록 해주셨습니다. 음성에 시적인 감성을 넣어 "나의 사랑, 나의 어여쁜 자여…"라고 녹음하여 보냄으로 그 음성에 매료 되었습니다.

나의 사랑,
"my daring" or "my dear one"
나의 어여쁜 자,
여기서 '어여쁜'이라는 표현 속으로 더 자세히 들어가 보았습니다.
히브리어로 '야페' 즉 '맑다', '깨끗하다', '아름답다'라는 뜻과 영어로는 '나의 아름다운 자'(my beautiful one)로써, 나의 외모를 한 번도 대하지 못한 가운데, 그리 표현해 줌으로 기분이 참 좋았습니다.

빈약한 기타실력도 쓰임 받음

　나는 중학교 시절에 알게 된 몇 개의 쉬운 기타 코드만으로 기타를 치며 노래 부르기를 좋아했습니다.

　노래를 즐겨 불렀던 가족 모임 속에서 늘 기타와 함께 했고, 학교에서 가는 소풍에도 김밥을 챙기듯 당시 소유하기가 흔치 않던 기타도 동반하여 선생님과 친구들로 둘러싸인 자리에서 몇 개의 코드만으로 기타를 치며 노래를 불렀습니다. 연약함도, 빈약함도, 부끄럼도 있었으나 조금씩 연습해 가며 나아졌습니다.

　중·고등부시절 교회의 여러 행사로, '면려의 밤' 여름·겨울 수양회로 모인 곳에서 친구들, 선배들과 어울렸습니다.

빈약함과 부족한 기타 솜씨로 독일에 계신 전도사님께 「주님이 입으신 그 옷은」을 기타를 치며 찬양을 불러 녹음한 카세트테이프를 보냈습니다.

결혼 후 사람들이 "아내의 어느 모습에 마음이 끌렸나요?"라고 물으면 남편은 "내가 모르고, 들어보지도 못한 찬양을 괜찮게 불러 좋았고, 음정, 박자를 잘 맞춰서 혹 했다"라고 대답하십니다.

우리 모두는 불완전한 인간들

전도사님은 어릴 적 사고로 한 손가락을 잃어버렸습니다. 그런 이야기를 처음부터 솔직히 표현해 주는 것이 나는 너무 고마웠습니다.
세상에는 다 표현 못 할 육체적 장애자들과 정신적 장애자들이 얼마나 많이 살아가고 있는데….

그렇다면, 내가 그 님의 없어진 한 손가락이 되어 돕는 배필로 살아감도, 주님의 기쁨이 되리라 생각하였습니다.

"좁은 문으로 들어가라 멸망으로 인도하는 문은 크고 그 길이 넓어 그리로 들어가는 자가 많고 생명으로 인도하는 문은 좁고 길이 협착하여 찾는 이가 적음이니라"(마 7:13, 14)
그리 극히 비좁은 문이요 길인가?
감당하기 어렵다는 그 자리!!
세상 그 어느 곳이라도, 갈 수 없는 곳이라도 순종하며
그 좁은 문, 좁은 길로 가야만 하는
사모의 자리에 초청받게 되었습니다.

모진 가시덤불 안에서 헤어나지 못하도록 곳곳을 찌르고 넘어뜨리며 짓누르는 극한 시달림의 영적 훈련이 시작되었습니다.
사모로서의 예절, 영적 어머니의 자세를 갖추어야만 했습니다. 참음의 한계를 넘어선, 인내의 인내를 더한 성취감을 위해….

겉모습 만이 아닌 전심을 다해 찬양하는 입술이 되기 원했습니다.
입술로 타인을 정죄하며 마음에 상처를 주지 않길 원했습니다.

뇌전증 경련후 입안 곳곳에 혀가 깨물림을 당하여 피멍울이 맺히고, 때와 장소를 구별하지 않고 쓰러져서 사람들의 시선과 수군 거린다 해도 남들을 원망하지 않고 절망가운데 머물지 않길 기도했습니다. 뜨거운 불과 물, 냄비 위에 손과 발이 닿아 살갗이 벗겨져 쓰라려도 남은 몸으로 주님을 섬기며 사람들을 섬기기 원했습니다.

부실한 영성을 위한 공사

무익한 나를 위해, 그 죄 사함을, 온갖 핍박을 받으시며, 피와 땀을 흘리시며 십자가의 길을 가신 주님, 부실한 나의 영적 상태를 공사하시기 위해 육신 안에 착지하셨습니다.

자신의 어리석고 부족함을 모르고, 스스로 통제할 수 없는 외고집을 부리며, 이기적 욕심을 향한 다른 길로 질주할 것이라, 너무도 잘 아시는 주님께서 공사해 주시는 은혜를 감사합니다.

때때로 시간이 있을 때면, 톨레도 대학교(University of Toledo)의 도서관에 가서 공부를 하다가 집으로 돌아오곤 했습니다. 그날도 대학생들이 여기저기 앉아 공부하고 있는 도서관에서 책을 보던 중 갑자기 표현할 수 없는 아픔이 머리를 치며 지나갔습니다. 어지러워 잠시 머뭇거리다가 그냥 골치가 잠시 아팠나 보다 하며 무심히 넘겨 버렸습니다.

그다음 하루 이틀이 지나 도서관에서 집으로 오려고 운전을 하는 중이었습니다. 사거리에서 신호등에 따라 좌회전을 하는 순간, 머리를 다시금 뒤흔드는 듯 찌르는 표현 못 할 아픔으로 운전하던 핸들을 놓치고 말았습니다.

앰뷸런스 경적과 더불어 경찰이 와서 "Are you ok?" 계속 반복하며 어깨를 흔들 때에 나는 깨어났습니다.

사고를 목격한 사람에 의하면 내 차가 신호등이 있는 사거리에서 신호를 받고 좌회전하다가 갑자기 옆 차도로 올라 나무를 들이받고 곧바로 튕겨져 나가 길 건너편에서 직진 신호를 기다리는 차의 앞부분을 치고 멈추는 사고가 난 것이라고 말해 주었습니다. 생명이 멈출 수도 있었을, 아찔한 순간이었습니다.

형부가 달려와 도와주셨고 사고를 낸 나와 사고를 겪게 된 상대방 운전자도 다치지 않고 두 차만 손상되었습니다.

그로부터 야릇하게도 생각지 않은 때에 그 찌르는 듯한 아픔이 뇌를 건드려, 잠시 정신을 잃게 되는 일이 벌어지게 되었습니다.

막내딸의 차 사고에 놀라시며, 안쓰러워하셨던 엄마도 정확한 병명도 모르는 가운데, 아픈 머리에 좋다는 방법을 인용해 쑥으로 머리에 찜질팩을 해 주시며 딸의 건강을 위해 애쓰셨습니다. 그렇게 시작된 뇌로 인한 아픔이 주춤하며 잊을 수 있듯이 멈추었습니다.

결혼

독일 베를린에서 신학 공부를 시작한 전도사님과 미국 오하이오주에 있던 나는 편지를 통해 연애를 시작해 서로를 알아가는 시간을 가졌습니다. 6개월간의 편지 교제 후 서로 시간을 맞춰 한국에서 만날 날을 정해 6월에 김포공항에서 만나기로 약속 날짜를 잡았습니다.

나는 온 가족이 미국에 있는 관계로 결혼을 위해서 오직 어머니와 한국을 방문하게 되었습니다.

김포공항에 마중 나온 그 님과의 첫 만남을 앞두고 마음이 설레었습니다. 그 님의 첫인상은 홀쭉 마른 모습, 장발 머리…. 그 안에 비친 얼굴은 근사한 음성과 상반되는 전도사님이셨습니다.

주님은 사람의 겉모습이 아닌 마음의 중심을 보심에, 그러한 나의 마음가짐이 먼저 되려 했습니다. 그동안 편지와 몇 번의 전화 통화만 하다가 직접 만나 교제하는 것이 그래도 전혀 낯설지 않았습니다. 만난 지 열흘이 지난 7월 10일, 우리는 결혼식을 올렸습니다.

결혼식 당일 아침 일찍, 가까운 우면동의 산에 올라가 주님께서 맺어주신 부부에 감사하며 앞으로 이루고픈 꿈과 주님이 맡겨 주신 사역, 사명의 길을 위해서 전도사님과 손을 잡고 기도했습니다.

그 당시 서울 침례교회의 담임목회자로 시무하고 계시는 전도사님의 제일 큰 형님이신 이동원 목사님의 주례로 1982년 7월 10일에 가족들과 하객들을 모신 가운데 결혼 예배를 드렸습니다.

신혼여행을 다녀온 후 시댁 가족, 시할머니를 위시하여 대가족이 함께 사시는 집에서 두 달간 지내다가 남편을 남겨두고 먼저 미국으로 들어왔습니다.

그때엔 내가 영주권을 갖고 있었기에 결혼한 배우자가 미국으로 들어오려면, 몇 개월 동안 기다려야 하는 절차를 밟아야 했습니다. 그다음 해인 5월이 되어서야 남편이 미국으로 들어왔습니다.

결혼 후 달라스 미국 생활 시작

막냇사위가 미국으로 들어왔다며 가족들이 반갑게 맞아 주었고, 결혼식에 참여하지 못한 미안함을 포함한 듯 큰언니의 집을 열어, 교포님들을 초청하여 우리 부부를 위해 피로연을 열어 주셨습니다.

신혼생활의 시작에서도 머리를 강타하는 아픔이 가끔씩 남편이 알지 못할 시간에 찾아왔고, 남편은 전에 머리가 아파 차사고를 낸 적이 있었다는 것만 알고 있었습니다.

얼마 후 남편과 함께 새 비전을 품고, 텍사스주 달라스로 이사를 했습니다. 그곳에서 남편은 독일에서 끝내지 못한 신학 수업을 위해 크리스웰 바이블 칼리지(Criswell College) 신학과에 입학하였습니다.

생활과 학비를 위해 남편은 늘 수업이 끝나면 파트타임으로 늦게까지 일을 하곤 했습니다. 나 역시 일자리를 알아보며 이런저런 일들을 했습니다. 샌드위치 숍(Sandwhich shop), 세탁소(Dry cleaner), 베이비시터(Babysitting), 보험회사 사무직(Unity Insurance company: Data Entry) 등 많은 일들을 했습니다.

주일이 되면 주일예배는 남편이 청년부 전도사로 섬기는 달라스 '한인성서교회'에 가서 드렸고, 그곳의 청년들과 교제를 나누곤 하였습니다.

육체의 가시

　신혼생활을 이어가던 중 어느 날 밤이었습니다. 곁에서 잠을 자던 남편이 이상한 느낌이 들어 옆에서 잠을 자던 내 얼굴을 쳐다보았습니다.

　남편은 내 입술이 짓눌려 피가 흐르는 모습을 보았습니다. 놀란 남편은 "무슨 일이야? 왜 그래?"라며 나를 깨워 물어보았지만, 나는 남편에게 아무런 말을 할 수가 없었습니다.

　'나는 뇌전증 환자'라고 말할 용기가 없었습니다.
　처음부터 나의 육체의 가시를 확실히 알려주었어야 했는데…
　그런 병이 있음을 결혼 전에 말해 주었다면 나와 결혼을 하였을까?

　그러나 그 모습 속에 속속들이 캐묻지 않고, 그 상황이 주님이 허용 하실 수 밖에 없었던 것을, 남편이 이해해 주길 바랄 뿐이었습니다.

주님이 오묘히 계획하시고 맺어주신 목회자 부부로서의 사명을 감당하며, 살아가야 할 세월이 얼마나 험난하고 긴데… 그런 길을 따라감에 있어 사모로서 그것도 하필, 간질을 앓게 됨이… 더더욱 목회 길의 선상에서 남편에게는 커다란 장애물이요, 무거운 십자가였습니다.

첫 이민목회 사역/ 달라스 북부 셔먼한인 교회 개척 섬김

텍사스주 달라스에서 신학교와 직장 생활을 하며, 그곳에서 1시간 이상 떨어져 있는 셔먼 지역에 흩어져 살고 있는 소수의 교민을 위해 개척교회로 시작하게 되었습니다.

소수가 사는 그곳의 한인 교포들 중, 한 할머니께서 딸과 사위 따라 미국교회를 다니고 있지만 알아듣지 못해 너무 답답한 나머지 이곳에서도 한국말로 예배를 드릴 수 있도록, 7년간 주님께 기도하시고 계셨던 것이 응답 된 것입니다.

한 사람의 기도가 놀랍게 응답되어 교회가 처음 세워지는 일에 저희 부부가 쓰임 받는 사실이 참 신기한 경험이었습니다. 사실 디아스포라 한인교회들이 미국의 어느 주, 어느 작은 도시에서 시작된 것에는 누군가의 중보기도가 있었고, 미국으로 이민 온 한국 그리스도인들을 통해 다시 복음을 전 세계에 증거하시고자 하시는 주님의 놀라운 계획이 있음을 알게 됩니다.

하나님이 주신 특별한 선물 세 자녀

첫 아들, Joshua(이 홀)

남편은 달라스 텍사스의 크리스웰 칼리지(Criswell College)에서 공부하고, 나는 직장 생활을 하는 가운데 주님께서 첫 아기를 우리 가정에 태어나게 하셨습니다.

영어 이름은 조슈아 그리고 미들네임 '홀' 이란 이름은 이스라엘 백성을 이끌며 출애굽한 모세의 손에 쥐어진 '지팡이'란 뜻을 따라 지었습니다. 그래서 때때로 사람들 앞에서 저희는 "홀 애미", "홀 애비"라고 농담하곤 했습니다.

남편은 신학 공부를 하며 오후에는 파트타임으로 일을 해야 했고 아파트 렌트비와 생활을 위해 나 역시 일을 해야만 했기에 조슈아와 얼마간 떨어져 있을 계획으로, 한국 시댁어른들께 부탁하여 한국으로 보냈습니다.

나는 계속 회사를 다녔고, 남편은 신학공부와 오후엔 파트타임으로 일을 하였습니다. 주말이 되면 주일예배가 그리웠고, 마음껏 찬양할 수 있어 감사했습니다.

달라스의 '한인성서교회'에서 예배를 드리며 유학생들과 청년부의 모임 가운데서, 공통적인 대화로 소통할 수 있었기에 기뻤습니다.

이민 생활에서 주일예배를 중심으로 한 울타리 안에서, 외롭지 않도록 만남을 갖고 서로에게 빵 한 조각이라도 건네어 나누는 소박함으로 메마른 사막에 오아시스를 발견함과 같았습니다.

목회자의 자녀들은 성도님들 가정보다 뒤로 밀리는 환경이 될 수밖에 없음을 겪었습니다. 아주 관심을 갖지 않았다는 의미와는 다르다고 봅니다.

주님께서 목회자 가정에게 맡겨 주신 소중한 기업들을 소홀히 다룰 수는 없습니다.

주님이 부어주시는 지혜와 명철로 믿음 안에서 장성하도록 자녀들을 위한 기도를 끊임없이 했습니다.

비록 약 1년 반을 시댁에서 자란 조슈아는 부모 된 저희보다 더 많은 이사를 경험하고 있습니다. 어려서부터 몇 개 국어를 입술에 담고 능숙하게 하도록 은사를 주시어 지금은 미국 국무성 소속으로 여러 나라 미국 대사관에서 일하는 외교관

(Diplomat)이 되게 하셨습니다.

후일이라도 여러 나라를 위해 미국 대사관을 위해 일하듯 하나님 나라의 대사로 지구촌에 복음을 전하는 외교관이 되기를 기도하고 있습니다,

둘째, Hannah(한나)

우리 가정에 주님께서 다시 새 생명인 딸을 다시 달라스에서 선물로 주셨습니다.

소식을 듣게 되신 한국의 시댁 부모님께서 손녀딸도 보시고 잠시라도 며느리의 산후조리에 도움을 주시기 위해서, 또한 한국의 시댁가족들이 돌보아 주던 큰아들, 홀이를 데리고 시부모님이 미국을 방문하셨습니다.

당시에 남편은 크리스웰 신학교를 졸업했고 나 역시 직장생활을 정리하였습니다.

신학공부를 더 이어가고 싶어서 루이지애나주(Louisiana) 뉴올리언스(New Orleans)에 있는 '뉴올리언스 침례신학교(New Orleans Baptist Theological Seminary)'로 이사를 하게 되었습니다.

신학교 안의 모빌홈(Mobile Home)을 구입했는데, 공부를 마치고 떠나는 학생들이 서로 얼마간의 돈을 주고받으며 파는 형태였습니다. 우리는 넉넉지 않은 형편에서 3천 불을 주고 미국

에서 첫 집(?)을 구입하게 되었습니다.

그곳은 일 년 내내 후덥지근하고 다습한 기후로 어린 딸 한나가 햇빛이 강하게 내리쬐는 모빌홈 컨테이너 안에서 온몸이 땀에 흥건하게 젖어 끈적거림을 견디지 못하고 호흡기 질병을 자주 경험하며 폐렴 증세까지 일으켰습니다.

그런 가운데서도 딸 한나는 건강하게 오늘날까지 목회에서 은퇴한 우리 부부와 함께하며 우리에게 큰 위로와 격려가 되고 있습니다.

셋째, 막내아들 Andrew '웅'의 태어남

뉴올리언스 신학교 과정 중 1989년 10월 17일, 이날에 주님은 우리 가정에 세 번째의 선물로 앤드류를 주셨습니다.

앤드류는 먼저 태어난 형, 누나와는 달리 제왕절개 수술을 하여 보다 어려움 속에 힘들게 태어났습니다.

이 땅에 차라리 태어나지 않았다면 어땠을까⋯.

하필 신학교 안에서 태어난 아들을 제일 먼저 데려가시다니⋯.

그 이유는 지금도 다 깨달을 수 없지만 사랑하는 막내를 25년간 저의 가정에 아름답고 귀한 선물로 허락해 주신 주님께 감사드립니다.

두 번째, 라피엣 침례교회 개척 섬김

　뉴올리언스에서 신학 수업을 받으며 운전을 하여 두 시간 정도 가야 하는 곳에 라피엣(Lafayette)이란 도시에 한인교회가 필요하다는 것을 알게 되었고, 그곳의 복음 전파를 위해 다시금 주말 사역 개척을 시작하게 되었습니다.
　그곳에는 대학교에 유학을 온 유학생 가족 50여 명과 교포들을 모두 합해도 백여 명 남짓한 곳이지만 꼭 한인교회가 필요한 지역이었습니다.

　주중엔 직장을, 두 아이는 신학교 안의 'Children Day Care'에 맡기고, 주말엔 교회에 갈 준비를 했습니다. 금요일에 도착해서 성경공부, 토요일엔 교회 가족들 심방, 주일엔 주일 예배, 그리고 주일 오후에 다시 두 시간을 운전해서 신학교로 돌아왔습니다.
　매 주말마다 이삿짐을 옮기듯이 밥통, 반찬, 간식거리 등을 챙기고 예배시간 반주자가 없기에 찬양을 위해 기타를 챙겼습니다.

 주일에 어린 아들과 딸을 차에 태워 라피엣 교회를 향해 달려갔습니다. 그리 많지 않던 예배의 좌석의 자리에 따스함이 감돌기 시작하며, 새로운 모습들이 주일 예배에 참석하게 되었습니다.

 부흥회 말씀을 위해 미국에서 사역하시던 곽규석 목사님을 강사님으로 초빙했고 사모님과 오셔서 '부흥 집회'를 이끄시며 은혜의 말씀을 나눠 주셨습니다. 목사님은 특유의 유머 감각과 코믹스러움으로 계시는 곳마다 공동체 모임 속에 웃음꽃을 피워 주셨습니다.

남편의 목사 안수

　뉴올리언스에서 신학공부를 하며, 주말에 라피엣 교회를 달려가 사역하는 가운데, 남편은 목사 안수를 받게 되었습니다.

　여러 곳에 집회 차 오신 '이동원 목사님'의 집례 하에 이웃에 계신, 함께 신학교에서 공부하시던, 지금은 침례신학대학 총장으로 계신 피영민 목사님 등 안수위원과 더불어 온 교우 앞에서 목사 안수를 받으셨습니다.

　어떤 미래가 펼쳐질지 모르지만 지금껏 인도하신 주님의 손길로 그렇게 한 걸음씩 인도해 주실 줄 믿으며 아내 된 나 자신도 안수 받는 남편 목사님의 옆자리, 축복의 자리에 서게 하심을 감사드렸습니다.

엄마, 예수님이 주신 꽃이야

 어느 날, 주방 가스불 앞에서 음식을 만들다가 갑자기 어지러운 느낌이 왔습니다.
 '괜찮겠지'라고 생각하며 방심하다가 가스불 위에서 물이 끓고 있는 냄비 위에 팔이 닿았습니다.
 정신을 차렸을 땐 팔뚝이 데어 쓰라림에도 감각이 없어, 데인 곳의 살갗을 베껴 내고 있던 내 모습을 보게 되었습니다. 더 위험한 순간을 모면하게 됨이 감사할 뿐이었습니다. 쓰라린 상처를 치료하며 또 한 번의 통과해야 할 연단의 과정으로 인내했습니다.

 엄마의 데인 팔의 자국을 바라보던 막내아들이 "Mother, God made a flower and put on your arm. Look at yourself Mom, God is so wonderful Creator.(엄마, 하나님이 엄마 팔에 꽃을 만들어 주셨네. 엄마, 봐요. 하나님은 정말 놀라운 창조자시네)"라고 말했습니다.

아파하는 엄마를 위로해 주듯 말하는 아들의 얼굴, 그 어메이징한 환한 미소를 보니 모든 아픔이 일순간에 사라지는 듯했습니다.

'앤드류야, 고맙다. 네 말이 맞아. 하나님께서 엄마에게 언제까지나 시들지 않는 꽃봉오리를 바라보며 살도록 선물로 주셨구나.'

세 번째, 델라웨어 한인침례교회 섬김

뉴올리언스에서 신학교를 마치고 델라웨어주 윌밍턴 도시에 있는 교회의 청빙 과정을 거쳐 미국 동부로 사역지를 옮겨 이사를 가게 되었습니다.

그곳의 한인 교포들은 나름대로 일반 자영업을 하는 분들이 많았습니다. 교회 성도님들의 구성원들도 어르신들, 교포 부부들, 유학생들, 주일학교 어린이들로 공동체의 영적 성장과 전도로 영혼을 살려 가는 교회가 되도록 사역하였습니다. 주님께 값지게 많은 쓰임을 받으신 목회자를 집회 차 교회로 초청하게도 하셨습니다.

지금은 나그네 생활을 마치고 하늘나라에 가신 '각설이 예수'로 소문난 이천우 목사님은 7살이란 어린 나이에 어머니가 갑자기 세상을 떠난 후 거지가 되었고 불행한 운명의 갈림길에서 깡통을 차고 서울 거리를 누비며 밥을 빌어먹는 신세가 되었습니다. 그러다 뜻하지 않게 서울 동두천에서 만난 목사님을 통해 그의 인생은 역전에 역전을 반복하다가 신학 공부를 하고 목사 안수를 받았습니다.

그 이듬해부터 자신이 걸어온 길을 더듬어 본격적인 사역에 나서 불우한 거지들을 모아 '나그네 집'을 설립해 어려운 자들과 동고동락하신 산증인이십니다. 약한 그를 강하게, 가난한 그를 부하게 하신 주님이 깊은 강에서 그분을 다시금 일으켜 주심으로 영원한 안식처인 하늘나라에 거하고 계십니다.

잠시 세상에 살면서 금세 사라질 것을 보지 않고 영원히 건재할 위에 것을 바라보는 것이 가장 가치 있는 자산이라 봅니다.

네 번째, 데이튼 사랑의 침례교회 섬김

　델라웨어에서 목회 사역 중 1천5백여 명의 교포가 거주하는 곳에 약 10개 한인 교회가 있던 상황에서, 너무 경쟁적으로 목회하는 것에 부담을 느끼며 '좀 더 전도 대상자가 많은 곳에서 목회를 하면 어떨까?' 하는 기도 중에 오하이오주 데이튼 사랑의 침례교회에서 청빙을 받게 되었습니다.

　교회의 청빙 과정을 거쳐, 그곳에서 사역하게 되었습니다. 그 도시는 아주 큰 미국 공군기지가 가까운 곳에 있었습니다. 또한 라이트 형제가 비행기를 처음 발명하기 시작하면서 살던 고향이라 그를 기리는 라이트 대학교와 미국에서 제일 큰 비행기 박물관이 있기도 합니다. 거기엔 초기 비행기 역사부터 1,2차 세계대전 비행기, 한국전쟁에 참여한 미국 공군 비행기, 심지어 달나라 아폴로 우주탐사선 등이 전시되어 있었습니다.

　그 도시엔 한국에서부터 미국 군인들과 결혼하여 이민 온 한인 아내들도 제법 많고 한국에서 연수 온 군인들과 당시 대우 자동차 등 지·상사 직원들이 있었습니다. 그리고 그곳에서 놀란 것은 도시에 비해 한국 의사가 굉장히 많았습니다.

이유인즉 미국에 온 한국 의사들이 오하이오에서 의사 자격증을 비교적 쉽게 취득할 수 있다 해서 맨 처음 오하이오로 왔다가 여러 미국 지역으로 다시 이사를 간다는 것이었습니다.

그래서인지 교회에 한국 의사들도 여러 명 있었습니다. 군인 가족들, 국제결혼 가정들, 유학생들 한국 의사 가정들 여러 다양한 층이 함께 모여 신앙생활을 한다는 것이, 때때로 보이지 않는 갭을 넘어 그리스도 안에서 한 형제 됨이, 그리 쉽지 않다는 경험도 때때로 해야만 했습니다.

치욕적 상처, 무너져 내린 자존심

미국에선 결혼 후 피로연을 넓은 잔디 위에서 하는 경우가 많습니다.

교회의 한 성도님 가정의 자녀가 결혼하고 잔디밭에서 피로연을 할 때였습니다. 그 교회의 담임목사의 아내로서 사모인 내게 피할 길 없는, 그 아찔한 타격이 머리에 가해져 정신을 잃고 그만 잔디밭에 쓰러지고 말았습니다.

하필이면 그 뜻깊은 자리에서… 기쁘고 축하 잔치가 열린, 복된 자리에서… 예상치 못한 사모의 초라한 모습….

그 장면을 지켜보게 된 사람들에게 너무나 미안하고 죄송함은 두말할 필요도 없었고, 축제의 분위기는 삽시간에 어두운 분위기로 확연히 바뀌었습니다.

갑자기 사모가 잔디밭에 쓰러진 이유를 누구보다 잘 알고 있는 남편입니다. 그럼에도 다혈의 성격을 지닌 남편은 격한 감정을 참지 못한 듯 행동하였습니다.

낫지 않고 있는 지병으로 인해 쓰러져 있는 아내요, 사모를 보게 됨이 어땠을까요? 그것도 하필, 성도님 가정의 축하, 축복의 날에….

"왜 쓰러지느냐?"라는 원망으로 자존심이 와르르 무너진 순간을 겪게 되었습니다.

피로연에 참석하여 그 모습을 지켜보신 몇 분의 의사 분, 교회 집사님들께서 남편과 따로 대화를 나누었습니다.

"목사님, 그 지병을 앓고 있는 환자들은 언제, 어디서, 어떻게 해야 할지 모르는 병입니다. 사모님이라고 해서 예외는 아니기에 그리 사모님께 나무라시면 안 됩니다."

남편은 격한 감정을 추스르며, 하나님께서 허용하신 이유를 막연히 묻어둔 채 눈물을 삼켜야만 했습니다.

사모가 무슨 죄를 그리 많이 졌기에, 고질병을 앓고 있는지 궁금해 하는 사람들이나, 성도님들의 입술에서 옮겨 다니는 소문들…. 그런 사모, 아내를 둔 목사님은 하나님의 허용하시는 뜻을 구하며, 내색 할 수 없는 짐을 떠안으시며 사역하셨습니다.

비염도 이사의 한 이유

미국 동부의 겨울 날씨는 몹시 추웠습니다.

오하이오주 사역지에서의 추위로 인함인지, 미국의 환경이나 풍속 때문인지 공공장소나 집이나 곳곳의 바닥에 카펫을 깔아 놓습니다. 그곳에서 묻어나는 먼지들 탓에 위생상으로도 안 좋았습니다. 그것으로 인해 나는 콧물과 기침이 끊이질 않는, 비염 알레르기를 갖게 되었고 이것들이 끈질기게 나를 따라다녔습니다.

남편은 새로운 비전을 계획하고 보다 넓은 곳으로 가서 사역하고자 결정했습니다.

데이튼 교회를 사임하고, 좀 더 자라난 아이들과 함께 1997년 12월 이삿짐 트럭을 다시 몰고, 캘리포니아주 얼바인(Irvine, CA)으로 이사하게 되었습니다.

이사한 곳의 날씨가 그리 춥지 않아 이사 후 알레르기가 나을 줄 알았지만 나을 기미가 없이 계속 이어져 가기만 했습니다.

얼바인에는 동부에 없던 한의원도 있음을 알게 되어 찾아가 한의사님께 침도 맞고 한약을 마셔 보기도 하였고, 병원 의사와도 상담하여 처방약 등을 먹으며 비염의 고충이 잦아들기를 원하였으나 별 효과가 없었습니다.

십 년이 훌쩍 넘도록 함께 답 없이 동행해 가는 고질병들…. 발작 증세로 인해 언제 어떻게 쓰러질지 모르며 하루도 안 먹으면 안 될 세상의 약들….

심할 땐 두세 번씩 뇌를 강타하며, 송곳으로 찌르는 가시가 있어도, 인내로 감당하며 이겨낼 수 있는 말씀의 약을 섭취할 수 있음이 그저 감사했습니다.

영과 육을 치료할 수 있는 명품, 명약은 오직 주님의 언약의 말씀뿐임을 굳건히 믿습니다.

사도바울의 고백을 떠올리며 원망을 소망으로 되돌려 놓습니다.

다섯 번째, 남가주 지구촌교회 개척 섬김

새로운 비전을 이루기 위해 기도하며 캘리포니아주에서 개척 사역을 시작하였습니다.

한사람, 한사람을 접촉해 가며, 미국교회들을 두들겨 예배공간을 마련하였습니다.

한 영혼, 영혼이 모여들기 시작하였고 작은 인원이라도 감사하며 '남가주 지구촌교회'란 이름으로 창립하게 되었습니다.

과거에 유학생 시절 남편과 개척교회와 기존 교회에 청빙받아 사역하던 것과 다르게 남가주에서 때때로 교회들이 갑자기 성장하는 듯하다가 뭔가 기초과정과 여러 갈등으로 분열하고 흩어지는 것도 종종 목격할 수 있습니다.

당시 한국교회에서 급성장한 지구촌교회란 명성을 듣고 우르르 모인 그들의 기대에 부응하지 못함과 개척교회로서 차근차근 기초과정을 거치지 못한 채 그 개척 사역은 그리 오래가

지 못하는 쓴 경험을 경험하기도 했습니다.

목회에 성공과 실패를 굳이 우리가 다 우리가 설명할 수도 판단할 수도 없지만 하나님께선 그 가운데서도 우리를 깨닫게 하시고 인도하시는 훈련이심을 믿습니다.

그런 와중에도 저의 육신적인 건강은 여전히 치유가 허락되지 않는 고질병과 동반된 비염이 지독하게 괴롭혀 병원의 의사 처방과 한의원에 가서 침술을 의지해 보기도 했습니다.
그런 육체적 아픔 가운데서도 경제적 사정을 눈앞에 바라보며 뭔가 해야만 했습니다. 일자리를 찾아다녔고 세탁소, 테리야키 식당, 재활용품 센터 사무직으로 일하기도 하였습니다.

GBC 미주복음방송

이민생활, 사역지를 옮겨 다니며 캘리포니아로 이사한 후 복음 전파를 위한 방송을 청취하게 된 곳을 발견했습니다.

영의 안식처로써 기댈 수 있고, 영적으로 목말라 감에, 생명샘이 흐르는 강줄기로 인도해 줄 수 있는 '미주복음방송(GBC)'을 접하게 된 것입니다.

할렐루야… 할렐루야…
영의 갈증, 메마름이 없는 복음의 강가로 이끄신 주님이 얼마나 감사한지요.
구하기 전에, 헤아려 주시고 아량의 은혜를 선사해 주신 주님을 높이 찬양합니다.

이민 생활 가운데 복음을 위해 가장 중요한 매개체로 값진 역할, 활기를 불어 넣어주는 미주복음방송을 곳곳에서 들을 수 있음에 감사합니다. 목사님들의 설교 말씀을 비롯해 찬양, 기도 등… 피곤하고, 지친 자들, 위로와 격려가 필요한 자들, 외로움을 달래주며 맘과 영혼을 살찌워주는 구별된 방송국입니다.

오전에 있는 '중보기도' 프로그램 시간, 생명이 오갈 수 있는 뇌 수술을 앞두고 있는 나를 위해서도 전파를 타고 중보기도로 많은 곳에서 동참하여 놀라운 위력의 힘이 되어 주었습니다.

애청하는 미주복음방송을 시간의 제한도 없이 언제, 어디서나 자주, 매일매일 드나들며 자신의 영성을 키우며, 다방면으로 유익, 동행할 수 있게 해 주심에 감사합니다.

LA. Rainbow Tres Dias

남가주에서 시작한 개척 사역의 어려움 속에 교회 안의 갈등으로 너무나 힘들어 영적인 고갈로 이어져 가려할 때, 형부의 권유와 초청으로 3박 4일의 일정인 로스앤젤레스의 레인보우 뜨레스띠아스의 모임에 참석하게 되었습니다.
L.A.R.T.D. #38

예수님을 믿는 모든 그리스도인들, 하나님의 자녀들은 각자가 '교회'임을 잊지 말아야 하며, 그에 따른 행함과 교회 공동체 안팎으로 자세를 어떠해야 하는지….
그 모임에 자원, 주님을 섬기듯, 그곳에 참석한 자들을 위해,

아낌없이 헌신하시는 분들로 인해 감동의 눈물과 놀라운 은혜를 체험하고 서로 간증도 나누며, 도전받는 자리가 되었습니다.

세상의 그 어떤 모임보다 한 사람, 한 사람의 삶의 방향과 종점지까지 이끌어 주실 주님을 만나게 될 것이라 믿으며, 그 모임에서 받은 은혜를 감사, 헌신자로 자원하여 참석하려 함에 적지 않은 장애물과 어려움이 있었으나 주님이 도와주심으로 여러 번 참여해 그때그때의 헌신자들과 한 지체가 되어 섬기며 지상의 천국을 느낄 수 있는 은혜 주심을 감사합니다.

만나 맛난 섬김 지기

찾은 자나, 찾을 자, 만난 자들에게 맛난 떡으로 섬기게 되었습니다.

결혼 전 베이비시터로 아이들 돌보는 일을 가끔 하며 그곳

에서 오븐에 구워 먹을 수 있는 찹쌀떡을 만드는 방법을 알게 되었습니다.

　그것이 시초가 되어, 마치 모세가 이스라엘 백성을 이끌고 출애굽 하여 광야에 있을 때, 이스라엘 백성을 위해 하늘에서 '만나'를 내려 먹게 해 주심같이…. '맛나'가('만나'가) 주님이 맡겨주신 달란트가 되었습니다.

　어느 곳의 사역지에서든 심방을 비롯하여 이웃의 미국인, 외국인들을 가리지 않고 거의 만나는 사람마다, 주님 안에서의 만남이라 감사로 섬기며, 세월 속에 수없이 떡을 구워 왔습니다.

　직장 생활 속에서 대면하는 자들에게, 첫 개척교회의 시작으로 가는 곳곳의 사역지마다, 기타를 치며, 찬양을 하고 쉼 없이 구운 떡, 빵, 일용할 양식인 맛나가(만나가) 되었습니다.

　치노힐, 새벽녘에 신문을 배달하는 배달원의 수고를 감사하며, 충남, 아산병원의 환자, 그 가족들을 위해, 시장길에서 구르마를 끌며 묵을 파시는 할머니, 검사, 치료를 해주시는 간호사, 의료진들을 위해, 남의 시선을 덜 받는 자들을 위해, 시애틀 노숙자들을 위해, 샌프란시스코 '상항서머나교회'에서의 성도님들의 특별한 날을 기억하며, 교회의 각양의 모임 속에서 떡, 빵, 케이크, 스콘, 쿠키 등 몹시도 부족하고 연약하나 견딜 만한 아픔을 주시사, 주님의 못 박힌 손이 되어 섬겨오게 하신 주님의 한없는 은혜를 감사합니다.

여섯 번째, 코로나 새비전교회 개척 섬김

　다시 마음을 가다듬고 새로 예배드릴 곳과 섬김을 위해 찾고 다닐 때에 남편 목사님은 새로운 주님의 인도를 위해 L.A 동부 리버사이드 인근 코로나(corona)에 위치한 산언덕에 있는 은혜기도원을 찾곤 했습니다.
　하루는 기도 중 "다른 지역 다른 곳 찾지 말고 바로 이 산 아래 불빛 보이는 코로나에서 새롭게 일하라"라는 음성을 들었다 했습니다.

　당시 L.A와 인근 오렌지카운티에서 조금씩 한인 인구가 그 지역으로 이사를 오는 상황이기도 했습니다. 얼마 후 코로나의 TEMPLO NUEVA VIDA 히스패닉 교회 허름한 모빌홈 교실 한 칸을 빌려 '새비전교회'라는 이름으로 발걸음을 옮겼습니다.
　그리고 소수의 성도님들을 보내주시어 바로 이전의 사역의 쓴맛을 뒤로하고 큰 기쁨 가운데 차근차근 새로운 개척 사역을 이어나가게 되었습니다.

비록 이전에 섬기던 교회 예배당 환경이나 섬기는 성도들의 숫자는 외관적으론 별로(?)라 할지는 몰라도 지금까지의 이민 목회 현장에서 가장 행복한 목회 경험으로 남아 있습니다.

아마도 주님께선 많은 이들을 구조하는 항공모함처럼 큰 배 같은 대형교회도 사용하시지만, 때론 오직 작은 돛단배만이 접근할 수 있는 곳에 있는 영혼들을 구원하시기 위해 적은 사이즈의 개척교회 등을 통해서도 지금도 역사하심을 믿습니다.

한번은 허리케인 카트리나로 큰 재해를 입은 남편 목사님의 신학교 후배인 장 전도사님 가정이 L.A로 피난 온 사실이 교포 언론에 보도가 되었습니다.

이에 교회 성도들에게 "함께 기도하며 도울 수 있으면 좋겠습니다"라고 하였는데 당시 코로나에서 살면서 롱비치 지역에서 작은 식당을 운영하면서도 늦게 돌아와 성경공부를 하며 열심히 신앙생활을 하던 한 부부가 계셨습니다,

자기 집에 빈 방이 2개 있는데 그 전도사님 부부와 자녀 둘 총 4인 가족이 한동안 계시도록 했으면 좋겠다 하여 그 전도사님이 무려 2년간을 무료로 함께 동거동락하였습니다.

피붙이 친척도 한 주 한 달도 힘들다 하는데…. 이곳 이 교회야말로 그리스도인의 참 사랑과 나눔의 너무 소중한 장소라 간증하기도 하였습니다. 나중 그 교회에서 목사 안수도 받으시고 우리가 한국으로 역 이민하던 때 후임 목회자로 섬기게 되셨습니다.

(뇌 수술) UCLA 병원

　손꼽히는 뇌 수술 전문, 의사진들로 알려져 있어도 생사를 알 수 없는 예민한 뇌 수술을 앞두고, 미주복음방송의 중보기도 시간을 통해 기도 제목을 부탁하며, 합심하여 주님께 간구해 주셨습니다.

　M.R.I. E.E.G. 그 외 테스트를 필요 때마다 하고, 끊임없이 처방약을 먹으며, UCLA Medical Center에서 2005년 12월 2일, 뇌 수술을 하였습니다.
　여러 곳에서의 중보기도를 통해 긴 시간의 수술이 무사히 잘 끝났습니다.
　수술 후 막내 앤드류가 "엄마, 이 찬양 들어 봐. 너무 좋아" 하면서 내 귀에 「O the Blood」(예수님의 십자가 보혈 - Kari Jobe) 노래를 들려주었습니다.
　(이 일이 계기가 되어 훗날 이권희 PD의 편곡으로 제 앨범집에 실렸고 한국 대중에게 알려지게 되었습니다.)

「주님께서 나를 택하사 쓰시려고
아무 곳도 기댈 수 없는 곳으로
깊은 어둠속에 홀로 두심으로
내 시선을 바른 곳으로 향하도록
나를 더 정결케 하시려고
나의 자아를 산산히 깨뜨리고
낮아지게 하시어
이루시려는 주님의
견딜 수 있게 해 주심을 감사합니다.」

"너희는 유혹의 욕심을 따라 썩어져 가는 구습을 따르는 옛 사람을 벗어 버리고 오직 너희의 심령이 새롭게 되어 하나님을 따라 의와 진리의 거룩함을 지으심을 받은 새 사람을 입으라"(엡 4:22-24)

「지나가리라 지나가리라
시간이 사정없이 흐르기에

인내하리라 인내하리라
견디며 견줄 수 있는 아픔이기에

이겨내리라 이겨내리라
소망으로 이룰 축복이 있기에

찬양하리라 찬양하리라
멈출 수 없는 열정이 있기에

사랑하리라 사랑하리라
이 땅의 가장 큰 선물이기에

기뻐하리라 기뻐하리라
주님만이 나의 환호이기에

기도하리라 기도하리라
쉬는 죄를 범치 않을 수 있기에

감사하리라 감사하리라
모든 것이 주님의 은혜이기에」

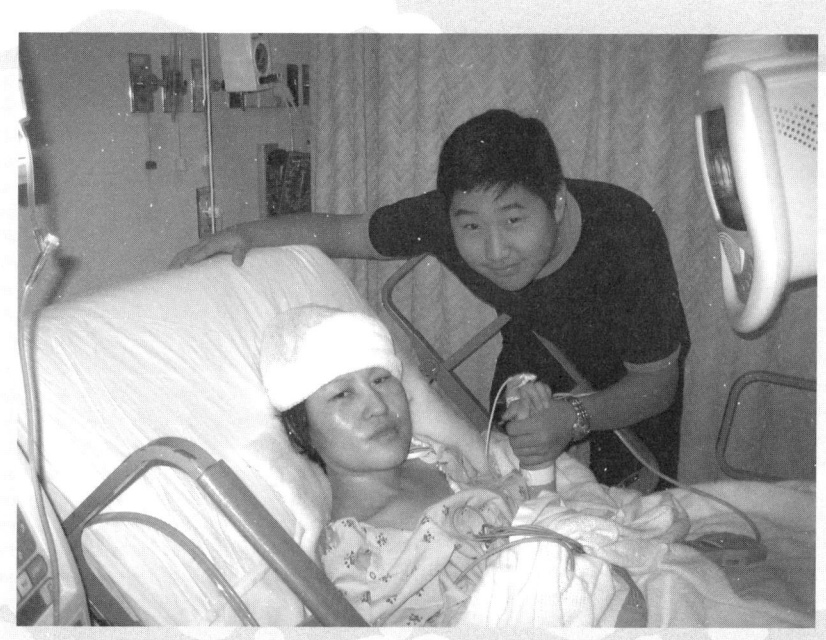

P.K.: 목회자의 자녀들
Pastor Kid, Problem Kid

미국에선 목사님 자녀를 칭하는 표현을 페스터 키드(Pastor Kid), 때론 프라블램 키드(Problem Kid) 즉 문제의 아들이라 칭하기도 합니다.

지나가는 말로 농담 삼아 말하기도 하지만, 간혹 사역자 자녀들의 실수를 꼬집어 말하는 성도들도 있기 때문입니다.

언제나 교회 사역과 성도님들을 위한 움직임이 우선순위에 있었기에 자녀들이 늘 마음에 걸려도 제대로 시선을 두지 못했습니다. 그러나 아이들은 투정도 부리지 않고 못마땅하게 여기지 않았습니다. 오히려 환경을 터득한 듯… 엄마의 연약함을 헤아려 주었습니다.

간혹 목사님의 직분을 내려놓은 듯, 아빠의 큰 호통 속에 숨죽이며 위기를 넘겼습니다. 아이들이 틴에이저로 성장해 가며,

아빠가 급한 성품, 혈기를 참지 못하고 상황에 따라 쏟아내는 모습 속에 성경 말씀을 가르치시는 목사님이자, 아버지도 볼 수 없는 상처가 있음을 인식, 자신들이 상처를 받음을 이해하게 되었습니다.

목회자 자녀들로서의 훈련, 주님이 그들에게 원하시는 미래를 위한 부딪침이 영성 성장을 위한 과정이었습니다.

한곳에 정착하여 학교를 다니며 친구들을 사귀고파 했던 아이들이었습니다. 그러나 학교 가방 대신 이삿짐 가방을 챙겨야 함이 한두 번이 아니었습니다. 그러나 이 모든 과정 속에 자녀들이 홀로서기도 할 수 있는 밑거름 되게 하심도 얼마나 큰 은혜인지요!

경제적 부담, 피할 길 주시며 공급하시는 풍성한 은혜

어릴 적부터 주기도문을 암송할 때면
'하늘에 계신 우리 아버지여…
오늘 우리에게 일용할 양식을 주시옵고…'
이 고백처럼, 주님은 늘 공급해 주시며 환경과 처지에 맞도록 또는 넉넉히 주십니다.

미국 정부에서 지정한 장애자로 증명되는 자들에게는 메디컬의 혜택을 받습니다.

바로 내가 그 혜택을 받게 됨이 얼마나 큰 은혜요, 감사인지….

밥은 걸러도 매일매일 약은 반드시 먹어야 되는, 환자에 맞는 비싼 약들로 맘대로 구할 수 없고, 반드시 의사의 처방전이 있어야 합니다. 이사하는 곳마다 다시 메디컬 서류를 작성하여 혜택을 받았습니다.

정기적인 건강 검진들과 갖춰진 기계 속으로 들어가 소위 M.R.I.(Magnetic Resonance Imaging)라 불리는 자기공명영상 촬영을 하고 뇌파 기능 검사EEG(Electroencephalogram)도 합니다.

병원에 입원하게 되어, 중한 수술을 하게 될 때 드는 엄청난 모든 비용을 주님께서 책임져 주셨습니다.

그리고 한번은 남편 목사님이 두어 번 성도들의 재정 보증을 서주셨는데 그것이 잘못되어 챕터 7이란 파산을 경험하며 집 월세도 내기가 힘든 때가 있었습니다.

여차여차해서 간신히 농장 딸린 치노(Chino)라는 도시의 허름한 집으로 이사를 가게 되었는데 가자마자 한 달 만에 다시 또 이사를 가게 되었습니다. 알고 보니 집주인이 집을 팔려고 내놓았다가 안 팔리니 렌트 광고를 했던 모양입니다. 그러다 뒤늦게 집을 구매하려는 사람이 나타나자 집주인께서 부득이 이사를 요청했습니다. 집주인은 죄송하다며 3개월을 무료로 살게 하였을 뿐 아니라, 무려 5천 불의 이사 비용을 내주었습니다.

할렐루야! 우리의 모든 사정을 아시는 주님께서 최선의 것으로 응답해 주셨습니다.

절망을 소망으로 주님께 모든 것을 맡겨 드림에 선한 주님의 능력으로 붙드시고 일으켜 주심에 감사합니다.

버팀의 비결/ 큐티

　내가 겪고 있는 시련과 고통, 낙심의 상황에서 놀라운 힘이 되어 준 '생명의 삶' 큐티. 그때그때마다 주옥같은 말씀으로 위로를 주며, 지혜와 믿음으로 생활 속에 적용케 합니다.

　너무나 견디기 어려운 시기엔 조용히 큐티를 하며 억제할 수 없는 눈물이 흘러내려 여러 달수의 노트가 퉁퉁 불음 속에 큐티는 나를 일으키는 주춧돌이 되어 주었습니다.

　내 육신의 아픔보다, 막내아들의 치료와 회복을 위해, 주님께 눈물로 간구하도록, 나를 가르쳐 준 가이드라인을 오늘도 가까이 함이 감사합니다.

일곱 번째,
열린길교회 한국으로 역이민 개척 섬김

거의 30여 년의 이민생활과 사역지들을 내려놓고, 막내 앤드류가 UC버클리 대학교에 입학을 하자 남편을 따라 한국으로 역 이민하였습니다.

아무런 연결고리도 없었지만, 한국에서의 새로운 사역을 이루고자하는 남편의 복음을 위한 야망, 열정을 보았습니다.

대전의 건양대학교 치유선교학과 겸임교수로 섬기며 충청남도 아산(온양) 모종동에 간신히 세를 내어 '열린길교회'란 이름으로 교회를 개척하였습니다.

옛날 동네의 모습을 많이 품고 있는 지역으로 교회의 정문 몇 발자국 건너편에 사는 부부가 밥솥 뚜껑을 던지며 싸우는 소리가 들리기까지 하는 좁은 동네였습니다.

그동안 30년 넘게 살아온 미국 생활과 확연히 달라진 모든 것에 내 스스로가 주님을 의지하면서도 연약한 인간이기에 심한 육체적, 심리적인 아픔을 이겨내지 못하였습니다. 잠에서 깨어난 다음 날, 내 얼굴은 다른 모습이 되어 있었습니다.

더욱 심하게 이빨로 입안과 입술을 깨물어 피멍울이 졌고, 이불에는 피가 물들어 있었습니다. 절대 되돌아가고 싶지 않은 고통의 광야로, 뇌 수술이 재발되었습니다. 그리고….

맑게 갠 하늘의 날벼락 소식

2011년 5월 14일, 앤드류의 UC버클리 대학 졸업식에 형 조슈아, 누나 한나 그리고 중·고등학교 때의 영적 멘토인 Daniel과 Fred 전도사님이 함께 참석하여 앤드류의 졸업과 사회 진출과 부푼 꿈을 이룰 수 있도록 축복의 시간을 가졌습니다.

며칠 후 샌프란시스코에서 남편과 나는 사역을 위해 한국으로 돌아왔습니다. 앤드류가 갓 졸업한 지 두 달쯤 되었을 때에 형인 조슈아에게서 급한 전화 연락이 왔습니다.

앤드류가 감기 증세로 고생하다 병원을 찾았더니 '급성 골수 백혈병'으로 판정을 받았다는 것입니다. 어릴 때부터 잔병치레 없이 건강하게 자라왔는데, 도저히 믿을 수 없는, 청천벽력 같은 소식이었습니다.

UCSF 메디컬 센터에 서둘러 입원하여 골수이식 전 단계인 백혈구 정화작업을 진행 중이며 1차, 2차 항암치료를 거치면서 심신이 급속도로 지쳐가고 있다고 하는 것이었습니다.

대학교를 갓 졸업하고 미래의 꿈을 펼쳐 나가기도 전에···. 어찌 이런 일이···

긍휼의 하나님께서 자비를 베풀어 주시옵기를 눈물로 절절히 간구하며 목사님과 성도님들께 중보기도를 부탁하고 앤드류를 가까이서 지켜 돌보아주어야 하기에 미국으로 다시 들어오게 되었습니다.

막내에게 찾아온
급성골수 백혈병과의 첫 씨름

딸과 도착한 이틀 후인 2011년 9월 2일 앤드류는 UCSF 메디컬 센터에 입원하게 되었습니다.

담당 의사는 앤드류와 골수가 맞는 사람을 찾아 이식해야만 살 수 있는 가능성이 있다고 말했습니다. 그러나 한국과는 달리 미국에선 혈액암 특히 백혈병으로 맞는 골수를 찾기가 참 어려운 일입니다.

그때부터 앤드류의 항암치료가 시작되었고, 우리 가족은 곳곳에 앤드류와 골수가 맞는 자를 찾으려고 한국과 신문사, 기독교방송, Facebook…등에 수소문을 했습니다.

그런 가운데서도 병원에 있는 기도실(Meditation Room)이 있기에 병원에 들어설 때마다 기도실에 들어가 멈출 줄 모르는 눈물로 주님께 하소연하며, 간곡히 아들의 치료를 위해 기도하였습니다. 계속 소망을 품고 기도하며 기다렸으나 맞는 골수를 찾을 수가 없었습니다.

부모는 20%, 남매는 40% 정도의 골수가 맞을 가능성이 있다 하였는데 누나인 한나가 40% 가능성이 보였습니다. 한나는 기꺼이 자신의 골수를 내어 동생에게 이식하게 됨이 다행이라 하였습니다.

누나의 골수를 이식 받을 때, 거부반응이 없도록 기도하는 가운데, 한 달 후인 10월 13일 Born Marrow 골수이식을 잘 받게 되었습니다.

엎친데 겹치는 나의 질병

엄마로서 아들의 치료를 위해 온 힘을 쏟지 못함에 늘 미안함이 있었으나 내 연약함을 먼저 앞세우는 비중이 있었습니다.

그 이기적인 모습을 낮추려 하신 주님의 의도이셨는지 병원을 오가며, 아들을 돌봄 속에 집에서 쓰러져 딸에 의해 앰뷸런스를 타고 응급실에 실려 가기도 했습니다. 아들은 7층에, 엄마는 같은 날 1층 중환자실에 함께 누워있게 된 때도 있었습니다.

날마다 취침 속으로 들어가 일어나 보면, 언제란 기약 없이 고통의 터널을 지난 것임을 감지했습니다. 가시로 머리를 찌르는 아픔, 어떤 때는 혀, 입술을 몹시 깨물어 너무나 감추고픈 처참한 모습을 하고 있지만 잠자리에서 치르게 됨을 감사하게 됩니다.

주님의 뜻을 알아가도록 나의 나 됨을 위한 시나리오를 이어가셨습니다.

앤드류의 두 번째 이식

첫 이식을 받고, 정기적인 검사를 위해 병원을 오갔습니다. 그렇게 6개월쯤이 지났을 때 아들의 혈액 수치가 높아졌다는 검사 결과가 나왔습니다.

앤드류는 다시 입원하게 되었고, 2012년 4월 1일에 아들은 또 한 번의 골수 이식 수술을 받았습니다. 비록 40% 퍼센트로 일치하지만 미국에서 정확하게 일치하는 골수를 찾지 못해 누나의 골수를 다시금 받게 되었습니다.

며칠 후, 병원에서 나온 앤드류는 건강을 위해 시간을 갖고 엄마와 샌프란시스코 공원을 산책하였습니다.

여전히 치료 중에 있는 엄마와 골수 이식 수술 후 회복 중인 아들이 함께하는 정녕 소중한 추억과 행복한 시간이었습니다.

두 번째 뇌 재수술

저는 2005년 12월에 뇌 수술을 받았으나, 온전히 치료가 되지 않아 7년 후 다시 재발이 되었습니다.

샌프란시스코의 UCSF 병원을 오가며, 계속 해왔던 MRI, EEG, 뇌와 연결된 부분들을 검사했고, 결국 재수술을 하기로 결정하였습니다.

입원한 병원에서 2012년 10월 1일에 뇌 기능의 중요한 부분을 잘라내는 위험한 수술로, 어떻게 될지 모르는 결과인지라 유서지에 사인을 한 후 수술실에 들어가게 되었습니다.

나는 마취를 받기 전에 잠시 생각해 보았습니다. 아무리 명성 있는 뇌 수술 전문인,의사진이라도 혹 실수라도 하거나 어떤 기계가 고장이 나면, 이대로 숨을 거둘 수도 있겠구나….

주님이 이대로 데려가셔도 감사합니다. 그러나 생명을 연장시켜 주시면, 주님이 나를 통해 하고자 하시는 뜻이 있음을 믿고 감사히 순종하며 따라가겠다는 생각을 하는 가운데 마취 속으로 들어갔습니다.

장시간이 지나, 마취가 풀리며 눈을 떴을 때 붕대로 온 머리가 싸매져 있음을 보게 되었습니다.

'나를 이끄시는 주님…
또 한 번의 소중한 목숨을 연장, 선처해 주심에 부족한 여종을 통해…
이인자를 통해… 주님의 뜻을 이루소서.'

"내가 평안히 눕고 자기도 하리니 나를 안전히 거하게 하시는 이는 오직 여호와시니이다"(시 4:8)

평생 고생스러운 일생을 산 노인이 생일 소감을 말했습니다.
'일하는 시간에야 걱정할 틈도 없이 살았죠.
앉았을 때는 푹 쉬죠.
성경 말씀에 "쉬지 말고 걱정하라"라는 말씀은 어디에도 없잖아요.
밤에는 많은 걱정이 떠오르지만 그냥 자버리죠.
그 시간은 하나님의 품에 안기는 시간이니까요."

잠자리에 들어 모든 걱정을 내려놓고, 하나님의 품에 안기어 잘 수 있음이 얼마나 큰 은혜요, 축복인지요.

찬양의 삶

나와 함께 호흡하며 지금까지 지내올수 있었던 가장 큰 근원은 '찬양' 입니다.

어릴 때부터 노래를 좋아한 나는 주일학교 성가대와 학교의 합창부 시간을 제일 좋아했습니다.
C.C.M(Contemporary Christian Music)을 접하며 많은 내용이 담긴 찬양 CD를 구입해 들었습니다.
가장 나를 사로잡아 이끌어 준 곡들이 있었습니다. 내 삶의 스토리를 적어 놓은 듯, 천 번 이상을 듣고 따라 부르게 한 곡들로 「사명」, 「사모곡」을 비롯해 「내 눈물로 말할 수 있죠」, 「죽으면 죽으리라」 등입니다.

잠에서 깨어나서 잠자리에 들기까지 늘 이어폰을 귀에 끼거나 안 낄 때도 찬양은 나를 지탱하게 하는 일용할 양식이 되었습니다.

사도바울이 그 참혹한 감옥에서도 주님을 찬양했듯이, 내 육신의 질고와 아들, 웅의 병마와의 씨름 속에서 찬양만이 유일한 생명력으로 붙들어 주는 주사바늘과 같았습니다.

막내 앤드류가 아프기 전, 뇌 수술로 머리 부위를 붕대로 휘감고 있는 엄마 곁에 다가와 의미가 가득 담긴 곡이라며 내 귀에 들려준 곡도 수없이 듣고, 주님의 보혈의 피를 가슴에 새겼습니다.

「O THE BLOOD

O, the blood, crimson love,
Price of life's demand
Shameful sin placed on Him,
The Hope of every man

O, the blood of Jesus washes me
O, the blood of Jesus shed for me
What a sacrifice that saved my life
Yes, the blood, it is my victory

Savior, Son, Holy One,

Slain so I can live

see the Lamb, the great I am,

who takes a -way my sin

O, the blood of the Lamb

The precious blood of the Lamb

O, what love, no greater love

Grace, how can it be

That in my sin, yes, even then,

He shed His blood for me

What a sacrifice that saved my life

Yes, the blood, it is my victory」

(- by Kari Jobe)

여덟 번째,
시애틀 훼로쉽 교회 개척과 노숙자 사역

앤드류가 누나의 두 번째 골수 이식을 통해 잠시 회복되어 감을 보이게 되어 남편은 다시금 새로운 사역지를 놓고 기도하기 시작했습니다.

그냥 당시 샌프란시스코에 머물기도 그렇고 잠시 역 이민하던 한국으로 돌아가기도 그렇고….

기도 중 남편 목사님이 소속된 미남침례교단에서 서북미 시애틀 지역에 교회 개척자를 모집한다는 소식을 듣고 승인을 받아 워싱턴주(Washington)의 시애틀로 이주를 하게 되었습니다. 그리고 시애틀 남단 페더럴웨이 New Hope Christian Fellowship Church 예배처소를 빌려 다시 그곳에서 개척교회를 시작하게 되었습니다.

새로운 곳에 짐을 풀어야 함이 몇 번…. 답은 어딘가…
답은 없으나 맡겨 주신 곳에서 순종이 정답임을 감사합니다.

거처할 곳을 알아봐 이사를 하고, 개척 사역을 시작하게 되었습니다. 준비해 온 교회 전단지를 한인 교포들을 만날 수 있는 식품점을 시작으로 연결고리가 되는대로 교포들을 만나려 곳곳으로 차로, 발길 닿는 곳으로 움직였습니다.

주일이 되기 전 남편은 주보 작성 등으로, 나는 찬양을 위한 곡들을 선정하고 기타 연습, 그때그때의 친교를 위한 먹을거리 준비들을 하였습니다. 경험 속에 익숙해져 있는 듯하지만 환경과 형편엔 부딪침이 매번 달라 사서 고생하듯 한 불평이 나오려 하여도, 몸을 움직여 사역을 할 수 있음을 감사했습니다.

주님은 또 다른 사역을 준비해 놓으신 듯 교회 근처, 거리에 노숙하는 자들을 남편과 내 눈에 들어오게 하셨습니다.

주님께서 과부와 어린아이들과 가난한 자와 병든 자를 돌보심 같은 눈으로 그들을 바라보며, 같은 심정을 갖게 되었습니다.
미국 교회와 함께, 복음을 위해 그들을 섬기기로 한마음 되어, 교회에서 이발 봉사를 하게 되었고, 샤워도 할 수 있도록 만들어 주었습니다.
소수의 교인들도 어떻게든 돕기 위해 헌신, 힘이 되어 주었습니다.

앤드류의 백혈병 재발
Leukemia relapse

시애틀에 올라와 잠시 새로운 사역을 시작한지 1년이 지났습니다. 샌프란시스코에 직장생활로 남아있던 딸 한나와 앤드류를 미국 독립 기념일을 맞아 오랜만에 만나기로 한 그날, 다시금 또 한 번의 청천병력이 떨어졌습니다.

조심스럽게 재발되지 않고 넘어가길 기도했는데…. 앤드류가 다시금 열이 올라 병원에 며칠간 입원해 항암치료를 해보았으나 결국 다시 병이 재발됐다는 것입니다.

그에 앞서 엄마인 내게도 병이 재발되어 기적이 없는 한 약에만 의존할 수밖에는 없었습니다. 아들은 8월에 다시 병원에 입원하게 되었고, 지독히 쓰린 항암치료는 그 횟수를 더해 가기만 했습니다.

병원에 머무르며 언제까지 치료를 받아야 할지 예측이 안

되어, 2014년 12월을 마지막으로 시애틀 교회 사역을 내려놓고, 목사님도 샌프란시스코 아들 곁으로 올 수밖에 없었습니다.

앤드류는 일반 병실에서 응급실로 옮겨지기를 몇 번 반복하더니, 그곳에서 점점 치료가 어려워졌습니다.

"엄마, 집에 가서 쉬어"

앤드류가 2015년 7월에 하나님 품에 안기기 몇 개월 전입니다.
UCSF 메디컬 센터(UCSF Medical Center)에서 재발된 병마와 씨름하며 계속 이어지는 항암 치료, 필요한 테스트를 받던 중이었습니다.

밝은 소식, 희망을 갖고 앰뷸런스에 몸을 눕힌 앤드류를 따라 스팬포드 의학 센터(Stanford Medical Center)로 가게 되었습니다.

특별히 치료를 잘하는 유명한 의료진들의 명성도 있다고 했습니다. 모든 것을 주님께 맡겨 드림에도 은근히 기대하며 새로운 임상치료를 받게 되었지만, 원하는 기대와 소망은 멀리 달아나 버렸습니다.

앤드류는 다리를 비롯해 점점 온몸이 부풀고 부어올랐습니다. 거친 숨을 몰아쉬며, 산소 호흡기에 의지 할 수밖에 없는 상태가 되었습니다.

수술실 밖에서 마음 졸이며 기다리고 있는 우리 가족에게 담당 의사는 "앤드류가 아마도… 오늘 밤을 넘기지 못할 것"이라고 말했습니다.

잘못 들은 것은 아닌가… 혹 의사의 오진으로 인한 것이 아닌가… 영화 속의 한 장면을 떠올릴 듯… 사방이 가로막혀 절망 할 수 밖에 없는 상황 속에서 오직 신실하신 주님께 매달릴 수밖에 없었습니다.

이 땅에서의 이별이 오늘 밤이라니…

남편은 위급한 기도 제목을 곳곳에 알려 중보기도를 부탁했습니다.

앤드류는 생사가 오가는 상황으로 정신이 혼미하고 온 몸을 제대로 가눌 수 없음에도 겨우 움직여 산소 호흡기를 벗겨 달라고 했습니다. 너무나 안타까운 순간이었습니다.

앤드류는 아빠, 엄마 그리고 형 조슈아, 누나 한나를 바라보며 이 땅에서의 마지막 말을 남기듯 호흡이 거칠음에도 간신히 입을 열고 말했습니다.
"Mom, go home and rest 엄마, 집에 가서 쉬어"

병실 안에 있던 모든 사람들은 앤드류의 엄마를 위한 배려심에 눈물을 흘렸습니다.
그 위험한 상황 속에서도, 얼마 전에 엄마가 큰 뇌 수술을 받은 것을 기억하고 엄마를 향한 사랑, 염려의 마음을 전했습니다.
연약하고 부족한 엄마요, 함께 시간을 하지 못한 인색한 흔적의 너무나 초라한 엄마인데…. 나는 앤드류의 착한 심성과 선한 배려심을 잊지 못합니다.

앤드류의 못 다한 생의 자리를 대신하여 내게 남겨진 삶은 누군가와의 만남의 자리에서 배려와 격려를 다하며 살렵니다. 내 힘이 다하기까지, 선한 영향력을 이루며, 생을 마무리 하고 싶습니다.

앤드류가 이 땅에 태어나 순서 없이 앞서 떠남에는 분명한

뜻이 있다고 생각합니다. 엄마의 쉽지 않은 삶을 보며 자란 앤드류는, 어쩌면 예수님이 이 땅에서 엄마를 통해 이루시고자 하는 사명이 있음을 믿고 백혈병이라는 고비를 품고, 희생의 길을 존귀하신 주님의 뜻을 위해, 사랑하는 엄마를 위해 내어 준 것 같습니다. 이 땅에서의 가족 간의 애정을 쏟음은 축복입니다.

앤드류는 자신의 호흡이 바로 멈출 수 있는 급박한 순간까지도, 남겨질 가족과 친구들에게 최선을 다해 착한 애정의 향기를 뿜어내어 주었습니다.

"우리 삶을 향한 하나님의 관심사는 우리의 성과과 아니라 우리가 어떤 마음으로 사는가에 있다." - 존 오크버그

앤드류의 이 땅에서의 마지막 여행

6개월 전 스탠포드 대학병원에서 의사들은 오늘밤을 넘기기 어려우니 준비하라 했지만 긍휼의 아버지 하나님께선 그 후로도 6개월을 더 사랑하는 사람들과 함께 있도록 허락하셨습니다.

사람의 생명의 길 여부는 생명의 주인 되신 창조주의 허락 가운데 이루어짐을 다시금 깨닫게 해주셨습니다.

앤드류의 마지막 여행은 참으로 축복된 마무리라 생각됩니다. 어떤 사람들은 갑자기 사랑하는 사람들에게 작별 인사도 못하고 허망하게 떠나는 사람들도 많은데 앤드류는 사랑하는 친구들, 학교 친구들, 교회 친구들 등 많은 이들의 축복가운데 떠났습니다.

UCSF 메디컬 센터의 가장 높고, 넓은 병실, 호스피스 룸으로 앤드류가 옮겨졌습니다. 저는 처음에 잘 몰랐습니다. 병실을 또는 병원을 옮겨 다님이 익숙했기에 새롭게 앤드류가 옮겨진 병실도, 저는 그때만 해도 희망의 끈을 놓지 않고 뭔가 다른 이유로 다시 옮기는 것이라 생각하고 있었습니다. 그곳이 앤드류와의 마지막이 되는 곳인지도 모른 채….

하지만 앤드류는 그때 가까이 지내던 UC Berkeley, 대학 생활을 함께한 친구들, 교회 친구들, 중·고등학교 시절을 함께한 선후배들, 교회의 영적 스승들, 잠깐이지만 직장 생활을 함께하던 동료들과 아쉽지만 의식이 있는 가운데 작별의 시간들을 가졌습니다.

돌아보니 이 모든 것이 앤드류와 나의 가족을 향하신 하나님의 끝까지 함께하시는 사랑의 표징이셨습니다. 앤드류는 참 행복하게 이 땅의 소풍을 끝내고 아버지 하나님 품으로 돌아갔습니다.

앤드류는 이미 친구들한테는 "내가 떠나면 검은 옷 입지 말고 파티에 오는 것처럼 신나게 와"라고 말했습니다. 이 내용들은 남편 목사님이 쓴 책 『왜 울어 난 괜찮아(Why are you crying?)』(나침반 발행)에 자세히 나와 있습니다.

정말 앤드류가 축복 가운데 떠날 수 있었던 또 하나의 에피소드는 중·고등학교 시절 앤드류의 영어부 전도사님이셨던 Daniel(독일 출신 교포)이 늦은 나이로 중국에서 노총각 선교사로 갔다가 거기서 만난 노처녀 선교사님과 결혼하게 되어 저들을 파송한 캘리포니아 산호세 한교회에서(한인교회에) 오게 되었습니다. 그리고 소식을 듣고 달려와 오랜만에 만난 앤드류 천국에 가기 바로 전날 병원에서 잠시 대화도 나누고 기도해주었습니다.

그리고 사흘 후 그 전도사님은 오전에 자신의 결혼식을 올리고 오후에는 앤드류의 장례식에 참석했습니다. 특별한 말씀으로 축복을 나눈 장례의 축제였음이 얼마나 감사한지요!

아홉 번째, 샌프란시스코 상항서머나교회 섬김

주님의 놀라운 계획은 샌프란시스코의 한 장례식장에서 모든 것이 끝난 것이 아니었습니다. 그것은 또 하나의 새로운 시작이었던 것입니다. 참으로 놀랍고 오묘하신 하나님의 비밀이 아닐 수 없습니다.

막내아들 앤드류의 장례식에 참석하신 한 집사님(병원 인근 샌프란시스코 인근 한인교회에서 알게 됨)을 통해 "샌프란시스코에서 오랜 역사를 지닌 한 교회인 '상항서머나교회'에서 담임목회자를 청빙중인데 주일날 설교를 한번 해 주면 어떻겠냐?"는 제의를 받게 되었습니다.

저희는 샌프란시스코가 아들이 마지막을 보낸 흔적들이 여기저기 묻어 있기에 남은가족이 앤드류로 인해, 더 이상 아픔을 품고 있지 말고 어떻게든 떠나려 주님께 갈 바를 구하고 있었는데, 주님께서는 그 도시를 벗어날 수 없게 응답하셨습니다. 내 길 과 너의 길이 다르다는....

아들을 통해 말씀하시는 하나님의 계획이 어쩌면 계실지도 모르는 생각에 남편 목사님은 '상항서머나교회' 주일예배의 강단에서 말씀을 전하셨고, 교회 공동체의 청빙의 순서를 밟아 한동안 담임목회자를 청빙하려 적지 않은 어려움을 겪던 그 교회의 담임목사님이 되셨습니다.

막내 앤드류의 한 줌 재는 금문교 다리 밑에 뿌렸지만, 골든 게이트 공원(GOLDEN GATE PARK) 인근에 있는 그 교회 예배당 4층 옥상에선 아들의 마지막 천국 이사 장소가 바로 눈앞에 보입니다,

UCSF메디컬 센터(UCSF MEDICAL CENTER)가 1마일도 안 되는 바로 눈앞에 보이는 장소였습니다. '사람들이 사랑하는 이

들의 흔적을 더듬기 위해 묘소를 찾던지 납골당을 찾는데 우리는 그럴 필요 없이 눈앞에 보이는 병원 건물만 바라보면 되는 것도 참 이상하고 놀라운 축복이 아닌가?'라는 생각이 들었습니다.

이제 저희는 아들의 천국 이사를 통해 보여주신 그분의 특별하신 은혜 가운데 은퇴하기까지 그곳에서 7년간 마지막 이민 목회지로 섬길 수 있었습니다.

"여호와의 말씀에 내 생각은 너희 생각과 다르며 내 길은 너희 길과 달라서 하늘이 땅보다 높음 같이 내 길은 너희 길보다 높으며 내 생각은 너희 생각보다 높으니라"(사 55:8, 9)

주님의 사려 깊은 배려심

짧다면 짧을 수도 있는 여러 곳의 사역지를 옮기며 이삿짐을 꾸려야 했습니다.

그런 가운데 가장 오랫동안 머물렀던 샌프란시스코는 지우고픈 아픔의 흔적들이 남겨져 있으나, 축복의 길목을 취할 수 있는 참으로 귀한 은혜의 사역지였습니다.

샌프란시스코는 관광지로 꼽히는 역사가 있기에 유난히 오래된 건물이 많고 곳곳에 주르륵 나열되어 있는 낡은 집들이 많은 곳입니다. 다른 도시에 비해 주거 비용 부담이 커서 늘 경제적 부담을 갖고 살아가는 곳입니다.

상항서머나교회가 예배를 드리고 있는 4층 건물은 백 년이 되었고, 교회 창립 50주년을 맞이하게 되었던 때입니다. 안수집사님과 성도님들이 수고, 봉사해 주심으로 4층 건물 중 3층 한 부분을 사택으로 꾸며 주셨습니다.

특별히 내겐… 얼마나 큰 은혜인지요…
언제나 주님의 거룩한 성전에 거하며 몇 발자국만 위아래층으로 옮기면 예배실, 친교실 등으로 연결이 됩니다. 더욱 주님을 섬기며, 성도님들도 그와 같이 섬기라 하시는 사려 깊으신 주님의 은혜로 꾸며진 귀한 보금자리였습니다.

충족의 은혜

　주님의 품안에 들어와 있음에 무엇을 먹을까?, 무엇을 입을까?, 어떻게 생활할까? 염려하지 말고 오직 기도와 말씀, 찬양으로 성도님들을 올바른 길로 인도하며, 진정한 사랑의 공동체가 되도록, 맡겨 주신 사명 앞에 충성을 다하도록 해 주셨습니다.

　사모의 육체의 시련, 그 가혹히 찌르는 가시의 고통을 그 누구보다 잘 아시는 주님께서 갸륵히 보시고 감당할 수 있는 은혜를 덧입혀 주심에 감사합니다.

　언제든지 교회에 가려면, 남편 목사님의 수고와 그 누군가의 도움이 필요했으나 이젠 자유롭게 발로 위, 아래층을 다닐 수 있음이 주님의 은혜입니다.
　성전 안에서 기도하며, 주일 예배를 위한 준비로 찬양과 경배를 위해 사용하는 악기의 무게가 짐이 안 되고, 소수의 인원이라도 중심을 보시는 주님이심에, 아름다운 하모니를 이루는 성가대원으로 찬양할 수 있음이 헤아릴 수 없는 은총이 아닐 수 없었습니다.

샌프란시스코는 아름다운 관광 도시이지만 주차 공간을 갖출 수 없는 교회의 구조 때문에 한국교포들은 오래전 세워진 몇 교회들을 제외하고는 점차 베이 브릿지(Bay Brige) 넘어 또는 실리콘 벨리의 산호세 지역으로 이주를 하는 추세입니다. 샌프란시스코에 오래 사신 분들(old-timer) 중 시니어들은 대중 교통버스를 이용하여 교회 예배에 참석하시는 분들이 많이 계셨습니다.

나의 질병으로 스스로 운전을 할 수 없는 얽매인 사슬에서 벗어나 걸어서도 아시안 마켓, 식품점들을 갈수 있음이 당연함이 아닌, 주님의 긍휼하심으로 허락하신 자유로운 낙으로 감사히 지낼 수 있었습니다.

앤드류의 마지막 효도 가운데 이사

그렇게 7년 샌프란시스코 목회 사역을 마지막으로 은퇴하고 이제 저희는 다시금 남가주 코로나로 이사와 살게 되었습니다.

그런데 앤드류의 마지막 효도로 인한 이사라는 것이 무슨 말인지 궁금하실 것입니다.

앤드류가 이 땅의 소풍을 마치고 떠나기 며칠 전 형 조슈아와 누나 한나에게 다음과 같이 말했습니다.

"형, 누나야. 아무래도 난 먼저 가야할 것 같아! 내 마지막 부탁인데 내가 먼저 가면 내가 병이 재발하기 전 잠시 직장생활 하던 버클리대학 인터내셔널 학생부 코디네이터 부서에서 생명보험 10만 불이 나올 거야! 그것 가지고 엄마, 아빠 집 사는데 디파짓(deposit, 보증금)하고 형이랑 누나가 좀 도와줘. 알다시피 엄마, 아빠가 이민 목회하느라 집도 없이 지내왔잖아. 내 생명보험이 은퇴하면 살 작은 집을 구하는데 도움이 되었으면

해."

참 기막히고, 슬프면서도, 아름다운 막내의 부모를 향한 큰 사랑이 아닐 수 없어 다시금 멈출 수 없는 눈물이 흐릅니다.

그 후 막내의 장례 후 아들이 남기고 간 생명보험 10만 불로 이전에 함께 섬기던 집사님의 소개로 남가주 코로나에 집을 구입하고 그동안 렌트를 주었다가 저희들이 은퇴하면서 이사를 와 앤드류의 마지막 효도를 지금도 누리고 있습니다.
"사랑하는 앤드류야 고마워!"

마음 메모장

12 망

잘못하여 실수함에 민망해 말아요
손에 쥔것이 부족해도 실망하지 말아요

모름이 너무 많다해도 절망하지 말아요
어이없는 상황에도 허망하지 말아요
민망 실망 절망 허망을 껴않은채 엉망으로 만들지 말아요
유망한 긍정의 꿈을 꾸어요
나의 앙망함을 아시는 분이 계세요
그분을 의지하며 갈망해보세요
촉망한 미래가 열릴거예요
나와 늘함께하시는 그분이 망보아 지켜주실거예요
주님을 끝까지 신뢰하면 소망이 이루어 질거예요

12 행

잘못된 행실을 뉘우치고 그분앞에서 인정하면
참된 쉼과 자유로움이 있어요
과거의 어두운 행함 행실속에 살아왔어도
이땅에 잠시살아가는 행객으로 살아가면서
이제는 옳은 행렬속에 행진하면 되지요
좁더라도 바른길이라면 행방불명이 안되고
흔들리지 않는 믿음의 행함으로 나타날거예요
몸소 행함으로 믿음의 본을 보여주시고
하늘 높이 행차하신 주님 그분이 계시기에
그때 그날 축복의 파티행사에서
구원받은 기쁨으로 행복 만땅으로 주님과 함께 영원히 살아요

추억의 샌프란시스코 (SF)

짙은 안개 하늘 가득 뒤덮히고
싸늘한 찬바람 살갗을 시리게 하지만
그리움에 묶여 가슴 앓이를 함이
늘 샌프란시스코에 남겨져있네

같은 한날 너와 내가 누워있던 병원 다른병실
슬픔의 고뇌와 쓰라린 아픔이 몰려와도
오직 완전하신 주치의 주님만을 바라봄이
샌프란시스코에 눕혀져있네
수많은 발걸음이 모여드는 금문교
각양의 포즈로 멋진 추억을 담아가지만
내사랑은 한줌의 재가되어 흩날린곳
샌프란시스코에 머물러있네

샌프란시스코의 모든 추억 흔적은 주님의 은혜의 통로가
되어 많은이들을 만나게하신 그분의 놀라운 사랑이요
큰 감사 큰 축복입니다

에필로그

주님!!! 왜…

"그리스도를 위하여 너희에게 은혜를 주신 것은 다만 그를 믿을 뿐 아니라 또한 그를 위하여 고난도 받게 하려 하심이라"
(빌 1:29)

주님!!!
왜…
애초부터 온전한 신부감을 선택,
남편에게 허락치 않으셨는지요?

한 남편의 아내로서
아이들의 엄마로서
목회자의 사모로서…

모든 것이 미흡하고,
자격 미달과
세찬 고집을 지닌 미련함에도

주님!!!
왜…
어리석고 부족하기만 한 자,
연약하고 보잘 것 없는 나를 택하셨는지요?

모든 것을 내려놓고,
버틸 수 있는 연단의 과정을 겪어냄과
인내의 광야를 걷게 하심은?

주님이 지명하여 가라, 명하신 그곳에서,
겸허히 순종함으로
쓰이며, 사용되어,
주님께 영광 올려드릴 수 있음이라 믿습니다.

앤드류에게 보내는 마지막 사랑의 편지

앤드류의 눈빛을 볼 수 있을 때
엄마가 한마디라도 더 작별 인사를 했어야 했는데…

병실 침대 위에
지긋이 눈 감고 하늘로 오르는
아들의 모습
가까이 다가가 허리를 숙입니다.

파란색으로 변해간 아들의 첫 입맞춤에
오랜 세월 병고에 시달리는 엄마가
갔어도 먼저 가야 했는데
엄마의 질고도 함께 담아간 모습에
가슴이 미어진다.

잘해주지도 못한
이 엄마를 대신하여 희생해 준 앤드류야,
정말 미안하다.

다시 아들의 입술을 포개며,
네 호흡 멈춤이
육체적 질고로 인한

당연한 것이 아닌
잠시 멈춘 것뿐이란다.

너의 숭고한 효도가 이어져
이 땅에 또 하나의 열매로
엄마가 맺게 될 거야.

이 땅의 마지막 입맞춤에
어떤 아픔도 없는
천국에서 우리 다시 만나자.

예수님 곁에서
어메이징 스마일을 띄우며
엄마를 반겨줄
나의 사랑하는 막내야, 기다려 주렴.
그곳에서도 앤드류가 좋아하는 치킨 윙 만들어 줄게.

사랑해 아들!
조금 후에 주님 앞에서 다시 만나자!

Salvation Mt. 〈구원의 산〉이라 불려지는 미국 캘리포니아주 임페리얼 카운티 Slab City 사막에 위치한 곳으로, Leonard Knight (1931-2014)가 오랜 세월 방황하다 예수님을 만난 후 나름대로 〈하나님의 사랑〉을 사람들에게 전하기 위해 그 사막에 들어가 28여 년 동안 진흙을 빚어 산 언덕을 만들고 거기에 페인트를 칠하고 〈하나님은 사랑이시다〉라는 성경 말씀을 주제로 여러 구조물을 만들어 복음을 전한 장소로, 2007년 Into the wild 란 영화(Golden Glove 로마 영화제 등 여러 수상) 배경 장소에서의 저자〉

찬양 유튜브

01. 끝까지 나를
작사, 작곡 이권희 **편곡** 이권희

지독한 고통 속에도 내 손 놓지 않으신 분
거친 비바람 폭풍우 속에도 날 안아주신 분

죽음이 나를 덮쳐도 내 모든 것 빼앗아도
하늘의 소망 이루시기 위해 오늘도 날 일으키는 분

날 위해 내어 주신 십자가의 그 희생이
오늘도 내 삶을 통해 주님을 찬양합니다

끝까지 날 놓지 않으신 분 내게 생명 주신 아버지
십자가 사랑 가슴 안고 오늘도 주를 노래해
생명의 시작이 되신 주님 끝까지 날 지켜주시니
두렵지 않네 힘주시네 끝까지 사랑하시네

02. 멈출 수 없는 눈물
작사 INJA 인자, 이권희 **작곡** 이권희 **편곡** 이권희

멈출 수 없는 눈물이 내게서 흐릅니다
말할 수 없는 그 슬픔이 나를 울게 합니다
먼저 간 내 사랑 그리워 하늘 향해 그 이름 부르죠
우리 다시 만나는 그날 웃으며 안아주기를

감사해요 내 주님 사랑하시니
감사해요 그 품에 안아주시니
내 눈물 기쁨의 노래되어 온 땅을 덮으리
사랑해요 내 생에 가장 눈부신
선물이죠 하늘이 주신
못다 한 사랑 눈물이 되어 다시 만나리

03. 주님 찬양할 때
작사 김미랑 **작곡** 이권희 **편곡** 이권희

오늘의 나를 계획하셔서 인도하신 임마누엘 하나님
들꽃 같은 연약한 내 인생을 기쁨과 평안으로 채우시네

걱정 근심 십자가 앞에 내 몸에 고통 주님 손 위에
한 없는 사랑으로 한 없는 은혜로 내게 주심 감사해

주님 찬양할 때 나는 행복합니다
주님 내 안에 영원히 함께하니
나를 회복시키고 나를 치유하셔서
십자가 사랑 전케 하소서

주님만 믿습니다 나를 놓지 않는 분
주의 사랑이 내 온몸으로 가득 흘러넘치네

04. O the Blood
작사, 작곡 Thomas Miller & Mary Beth Miller **편곡** 이권희

O the blood, crimson love
Price of life's demand
Shameful sin, placed on him
The hope of every man

O the blood of Jesus washes me
O the blood of Jesus shed for me
What a sacrifice that saved my life
Yes, the blood, it is my victory

Savior, Son, Holy One
Slain so I can live
See the lamb, the great I am
Who takes away my sins

O the blood of Jesus washes me

O the blood of Jesus shed for me
What a sacrifice that saved my life
Yes, the blood, it is my victory

O the blood of the lamb
O the blood of the lamb
O the blood of the lamb
The precious blood of the lamb
What a sacrifice that saved me life
Yes, the blood, it is my victory

O what love, no greater love
Grace, how can it be
That in my sin, yes, even then
He shed his blood for me

05. Mission (사명 Eng ver.)
작사, 작곡 이권희 **편곡** 이권희

I will follow Jesus who has walked
This road of suffering
Water and blood that was shed for us
That's the path I've chosen to go

Through the mountains or the raging seas
To the ends of the world I go in peace
Giving all of me to the lost and hurt
I will gladly answer God's call

Here I am, Lord send me to the world
Father use me as You will
Take my heart, my life, my everything
Send me and I will go

Though the world reject despise and hate
I will choose the path of love
Knowing only that the Cross will save
I will follow your Way

You gave all to love and make me yours
Even death upon the Cross
Now I will love you forevermore
Jesus I am all yours

〈지금 주님께 드리고 싶은 감사와 기도〉

_____
_____
_____
_____
_____
_____
_____
_____
_____
_____
_____

 **막내 아들 앤드류를 먼저 천국에 보낸
이동성 목사의 사랑하는 이의 죽음을
부활의 소망으로 맞이하게 하는 준비서!**

이동성 지음

망망한 바다 한가운데서 배 한 척이 침몰하게 되었습니다.
모두들 구명보트에 옮겨 탔지만 한 사람이 보이지 않았습니다.
절박한 표정으로 안절부절 못하던 성난 무리 앞에 급히 달려 나온 그 선원이
꼭 쥐고 있던 손바닥을 펴 보이며 말했습니다.
"모두들 나침반을 잊고 나왔기에…"
분명, 나침반이 없었다면 그들은 끝없이 바다 위를 표류할 수 밖에 없을 것입니다.

우리는 삶의 바다를 항해하는 모든 이들을 위하여
그 나침반의 역할을 하고 싶습니다.
우리를 구원하신 위대한 주 예수 그리스도를 널리 전하고 싶습니다.

"하나님은 모든 사람이 구원을 받으며
진리를 아는 데에 이르기를 원하시느니라"
(디모데전서 2장 4절)

멈출 수 없는 눈물
Unstoppable Tears

지은이 | 김인자
발행인 | 김용호
발행처 | 나침반출판사

제1판 발행 | 2025년 12월 10일

등　록 | 1980년 3월 18일 / 제 2-32호
본　사 | 07547 서울특별시 강서구 양천로 583
　　　　블루나인 비즈니스센터 B동 1607호
전　화 | 본사 (02) 2279-6321 / 영업부 (031) 932-3205
팩　스 | 본사 (02) 2275-6003 / 영업부 (031) 932-3207
홈　피 | www.nabook.net
이　멜 | nabook365@hanmail.net
일러스트 제공 | 게티이미지뱅크

ISBN　978-89-318-1679-2
책번호 가 9095

값은 뒤표지에 있습니다.